財務省

ザイムちゃん

ガイムっち

外務省

文部科学省

モンカ先生

JN191809

コクどん

国土交通省

ボーエざえもん

防衛省

環境省

カンきょん

いちばんわかる！日本の省庁ナビ 7
環境省・防衛省

監修：出雲明子

ポプラ社

省庁って、なんだろう？

内閣

安全保障会議 ｜ 人事院 ｜ 内閣法制局

防衛省
防衛装備庁

環境省
原子力規制委員会

国土交通省
海上保安庁
運輸安全委員会
気象庁
観光庁

経済産業省
中小企業庁
特許庁
資源エネルギー庁

農林水産省
水産庁
林野庁

厚生労働省
中央労働委員会

文部科学省
文化庁
スポーツ庁

※復興庁は、東日本大震災から10年をむかえる2021年までに廃止されることになっている。

みなさんはニュースなどで、「財務省」や「消費者庁」のような、「省」や「庁」がつく機関の名前を聞いたことはありませんか？　これらの「省庁」は、わたしたち国民が安心してゆたかなくらしを送れるように、さまざまな仕事をおこなっている国の役所です。

日本には、それぞれ役割がことなる内閣府と11の省のほか、さまざまな庁や委員会があります。この「いちばんわかる！ 日本の省庁ナビ」シリーズでは、各省庁の仕事をわかりやすく解説します。

内閣官房

復興庁※

財務省

外務省

法務省

総務省

内閣府

国税庁

公安調査庁

公安審査委員会

消防庁

公害等調整委員会

消費者庁

金融庁

国家公安委員会

個人情報保護委員会

公正取引委員会

宮内庁

色がちがうところが、この本で紹介する省庁だよ！

いちばんわかる！日本の省庁ナビ 7
環境省・防衛省

もくじ

わたしはカンきょん。みんなに、わたしのことを知ってほしいな。

ぼくはボーエざえもんだよ。よろしくね！

カンきょん（環境省）

きれい好きなのんびりやさん。少し夢見がちなところも。

趣味：整理整とん
苦手なもの：高層ビル
好きなことば：一石二鳥

ボーエざえもん（防衛省）

ふだんはぼーっとしているが、いざというときにはたよりになる兄貴肌。

趣味：将棋
苦手なもの：梅雨のじめじめ
好きなことば：石橋をたたいて渡る

この巻では、この2人が教えてくれるんだね！

環境省と防衛省では、どんな仕事をしているのかな？

第1章
環境省の仕事
（かんきょうしょう）

環境省ってどんなところ？

人間と自然の「共生」をめざす

わたしたちのくらしは、科学技術が進歩し、産業が発展していくとともに、着実にゆたかになってきました。ところが日本や世界の人口がふえ、人びとのくらしがゆたかになるにつれて、地球温暖化や大気汚染、ごみの増加、生きものの絶滅など、地球にさまざまな問題がおきています。

2015年時点での世界の人口は、約73億人。2050年には90億人を突破すると考えられています。環境対策をなにも進めずに人口がこのまま増加していくと、地球は人間にとっても、ほかの生きものにとってもたいへん住みづらい星になってしまいます。

このような問題を解決するには、いったいどうすればよいのでしょうか。

今から50年以上前の1950〜1960年代、工業がさかんになり、日本の経済は大きく成長しました。すると工場から出る有害な化学物質が原因で、付近に住む人たちが手足のしびれなど体の不調をうったえはじめました。

「環境について真剣に考えなくては」——。これをきっかけに、たくさんの人たちが環境問題を身近に考えるようになりました。そして、環境問題の解決にとりくむための国の役所として1971年にできたのが、環境庁（いまの環境省）です。

環境省の役目は、日本や世界、そして地球のために、さまざまな環境問題に対応し、人間と自然がともに生きる「共生」をめざすことです。

地球がだんだん暑くなっている!?

地球は、昔にくらべてだんだんと暑くなっているといわれます。その原因（げんいん）をつくりだしているのは、わたしたち人間です。地球があたたかくなると、なにがおきるのでしょうか。

環境省　の仕事

「地球温暖化（ちきゅうおんだんか）」ってなんだろう

　自動車や飛行機を動かしたり、石油や石炭、天然ガスなどを燃（も）やして電気をつくったりすると、二酸化炭素（にさんかたんそ）など「温室効果ガス」とよばれるものが大気中にどんどんふえていきます。温室効果ガス（おんしつこうか）には、熱をためこむはたらきがあり、ふえすぎると地上の気温を上昇（じょうしょう）させてしまいます。こうして地球全体の平均気温（へいきんきおん）が上がっていくことを「地球温暖化（ちきゅうおんだんか）」といいます。

　お湯をわかすためにガスをつかったり、テレビを見て電気をつかうことも、二酸化炭素（にさんかたんそ）をふやして地球温暖化（ちきゅうおんだんか）を進めることにつながります。

地球温暖化（ちきゅうおんだんか）がおきるしくみ

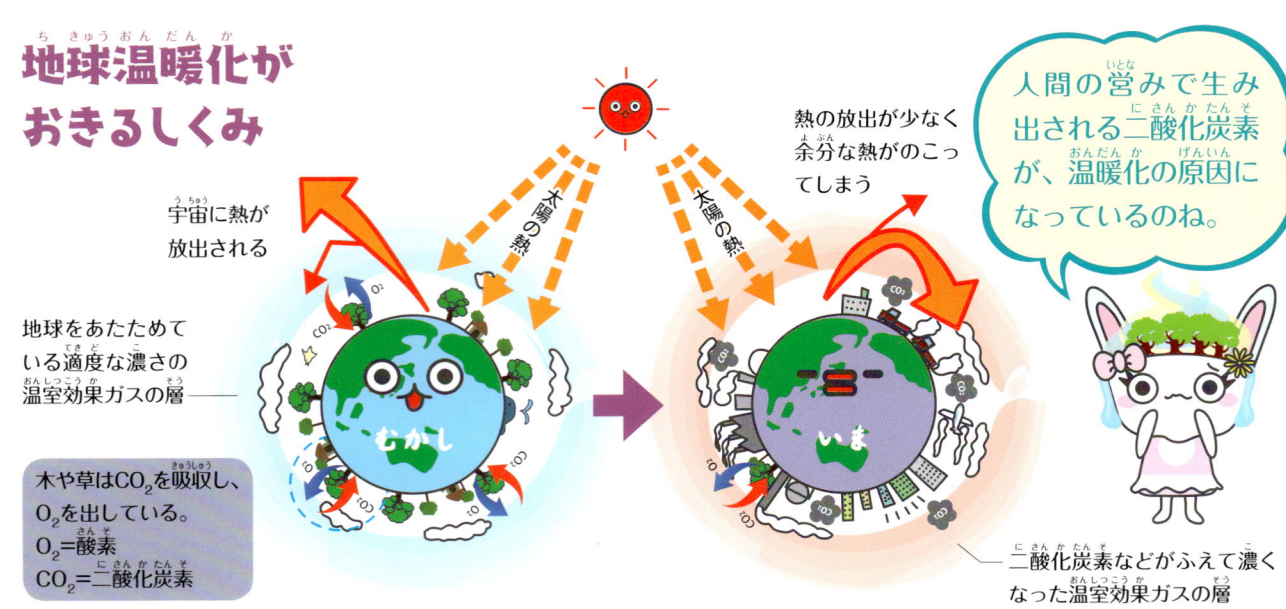

宇宙（うちゅう）に熱が放出される

地球をあたためている適度（てきど）な濃さの温室効果ガス（おんしつこうか）の層（そう）

木や草はCO₂を吸収（きゅうしゅう）し、O₂を出している。
O₂＝酸素（さんそ）
CO₂＝二酸化炭素（にさんかたんそ）

宇宙（うちゅう）の熱
太陽（たいよう）の熱

むかし

熱の放出が少なく余分（よぶん）な熱がのこってしまう

いま

人間（いとな）の営みで生み出される二酸化炭素（にさんかたんそ）が、温暖化（おんだんか）の原因（げんいん）になっているのね。

二酸化炭素（にさんかたんそ）などがふえて濃くなった温室効果ガス（おんしつこうか）の層（そう）

昔は、温室効果ガス（おんしつこうか）がちょうどいい量だったため、余分（よぶん）な熱が宇宙（うちゅう）に放出されていた。

温室効果ガス（おんしつこうか）がしだいにふえて、宇宙（うちゅう）への熱の放出がへり、今では地球全体があたたまっているといわれる。

地球温暖化はなにが問題？

地球温暖化によって気温が上がると、環境にさまざまな影響をおよぼします。

たとえば、氷河がとけたり海水の温度が上がったりすると、海水の体積がふえて海面が上昇します。実際、南太平洋のツバルなど低い土地の島国は、地球温暖化によって水にしずんでしまう危機にひんしています。

また、動物や植物は、自分にあった環境の土地でくらしています。しかし、地球温暖化によって環境がかわると、いままで住んでいた場所では生きていけなくなってしまいます。

暑くなってこまるのは、ぼくたち人間だけじゃないんだね。

地球の平均気温が上がるとなにがおきる？

1℃上がると……

大雨など異常気象の危険性が高まる。

2℃上がると……

海水の温度が上がれば、サンゴが死んでしまう可能性もある。

3℃上がると……

グリーンランドなどにある氷床（大陸をおおう氷河）がとけて、海面の高さが上昇するかもしれない。

温室効果ガスをへらす試み

地球温暖化の原因となる二酸化炭素などの温室効果ガスをなるべく出さない、環境にやさしい社会「低炭素社会」を実現するため、さまざまなとりくみがはじまっています。

温暖化対策の未来予測

今後、世界の人口の増加や発展途上国の成長などによって、エネルギー消費量はふえていくと予想されていて、それとともに二酸化炭素の排出量はさらにふえていくと考えられています。

このまま温暖化対策をしっかりとおこなわないと、地球の平均気温は2100年までに2.6〜4.8℃上がり、海面が45〜82cmも高くなると考えられています。

日本政府は2050年までに温室効果ガスの排出量を60〜80%へらす目標をかかげています。環境省は低炭素社会を実現しようと、右ページのようなとりくみを積極的に支援しています。

> 日本だけではなく、世界の国ぐにが協力しないとだめなんだね。

世界の平均気温の未来予測

資料：環境省

温暖化対策を追加しない場合
平均気温が2.6〜4.8℃上がる

1986〜2005年の平均気温とくらべたときの世界平均気温の変化

できるだけ温暖化対策をした場合
平均気温が0.3〜1.7℃上がる

(縦軸 ℃: 6.0, 4.0, 2.0, 0.0, -2.0)
(横軸: 1950, 2000, 2050, 2100年)

環境にやさしいエネルギーを推進

わたしたちはテレビを見たり、エアコンをつかったりするために電気を利用しています。電気をつくりだすにはさまざまな方法がありますが、日本ではおもに石油や天然ガスなどの燃料を燃やして電気をつくる「火力発電」という方法で発電しています。しかし、これらの燃料は量に限りがあり、燃やすときに温室効果ガスとなる二酸化炭素をたくさん出しています。

そこで注目が集まっているのが、太陽光や風力、バイオマスなど、自然からくりかえし得られる「再生可能エネルギー」を利用した発電方

地球への負担がふえないように、さまざまなエネルギーをバランスよくつかうことが大事なの。

法です。

そのなかでも環境省は、大きな可能性を秘める発電方法として、海上に設置する洋上風力発電、潮の満ち引きを利用した潮力発電に注目。実用化にむけて実験を進めています。

また、環境省は電気自動車など、二酸化炭素排出量が少なく環境にやさしい次世代自動車の普及にもとりくんでいます。

環境にやさしいおもな再生可能エネルギーと次世代自動車

再生可能エネルギー

太陽光発電
太陽光を利用した発電。

洋上風力発電
海上に設置し、風を利用する発電。

バイオマス発電
動植物がもつエネルギーを用いた発電。

潮力発電
海の潮の満ち引きを利用した発電。

次世代自動車

電気自動車
バッテリーに充電した電気を利用して走る自動車。

ハイブリッド車
ガソリンと電気を両方つかって効率よく走る自動車。

燃料電池車
水素を燃料として発電し、電気で走る自動車。

むだなごみをへらす

わたしたちは生活する中で、さまざまなごみを出しています。限られた資源をむだにしないために、わたしたち一人ひとりでもできることがたくさんあります。

環境省の仕事

ゆたかになるとごみがふえる!?

第二次世界大戦後、わたしたちのくらしが急速にゆたかになるにともなって、日本のごみ（廃棄物）の量も一気にふえていきました。生活するうえで、ごみを出すことはさけられません。しかし、ごみをたくさん出しつづけることで、ごみ処理場が不足したり、処理にたくさんのお金がかかったりと、いろいろな問題がおきています。

日本で1年間に出るごみの量は4398万トン

日本で1年間に出たごみの量（2015年度）

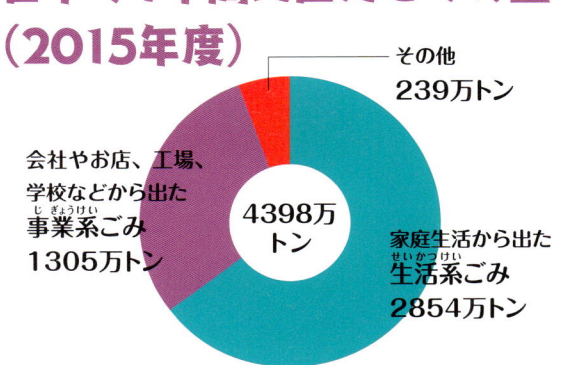

4398万トン

その他 239万トン

会社やお店、工場、学校などから出た事業系ごみ 1305万トン

家庭生活から出た生活系ごみ 2854万トン

資料：生活雑排水対策推進指導指針をもとに環境省作成

（2015年度）。これは東京ドーム約118杯ぶんもの量です。そのうち3分の2を占めているのが、家庭生活から出る生活系のごみです。

ごみの総排出量と一人あたり排出量の移りかわり

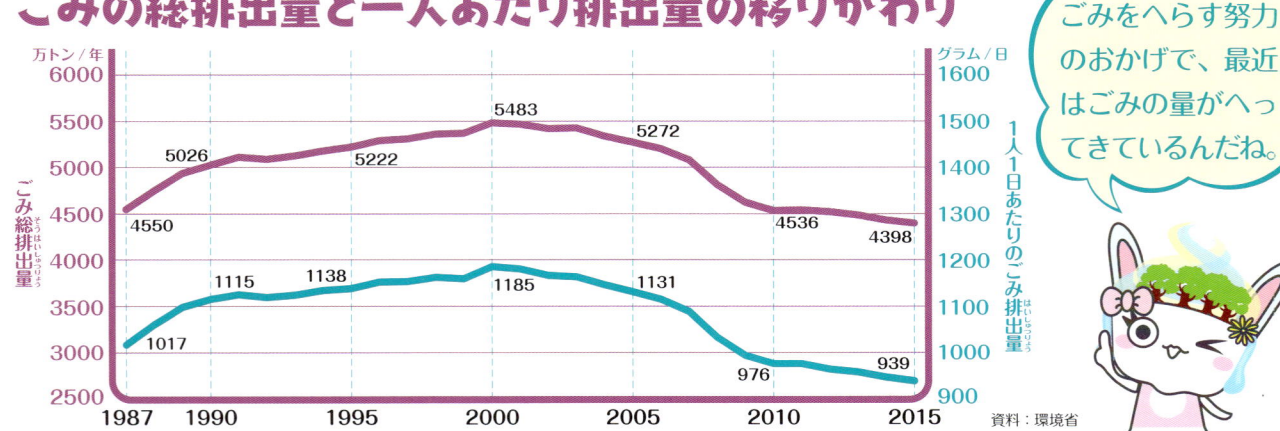

ごみをへらす努力のおかげで、最近はごみの量がへってきているんだね。

万トン／年

	1987	1990	1995	2000	2005	2010	2015
ごみ総排出量	4550	5026	5222	5483	5272	4536	4398
1人1日あたりのごみ排出量	1017	1115	1138	1185	1131	976	939

グラム／日

資料：環境省

ごみをへらす、適切に処理する

ごみがあふれている問題を解決するには、どのような方法が考えられるでしょうか。

そのカギをにぎるのが、「循環型社会」とよばれる考え方で、「もったいない」ということばにもあらわれている、限りある資源を効率よく利用する "むだ" のない社会のことです。

環境省が、だれでもかんたんにはじめられるとりくみとして推進しているのが、「3R」活動です。3Rとは、ごみをへらすための3つの考え方をしめしたもの。リデュース（へらす）、リユース（くりかえしつかう）、リサイクル（再利用する）という3つの英語の頭の「R」

びんや缶、ペットボトルなどに分別されたごみ。

ふだんからごみをふやさないように気をつければ、ごみはへるんだね。

をとって表現されたことばです。

環境省は、ペットボトルや家電製品などのリサイクルのルールをしめす法律をつくり、国民や業者がごみをへらしていけるようなとりくみを進めています。

「もったいない」を見つける「3R」ってなに？

Reduce
つかう資源やごみの量をへらす。

たとえば……
● ごみになるものはなるべくつかわない
● こわれにくくてじょうぶな製品を買って長く使用する

Reuse
つかえるものをくりかえしつかう。

たとえば……
● くりかえしつかえる容器をつかう
● いらなくなったものはすぐ捨てず、人にあげたりリサイクルショップにもっていく

Recycle
つかい終わったものを資源として再生利用する。

たとえば……
● 空き缶や牛乳パックなど、資源としてまたつかえるものは、分別してごみに出す
● 再生紙など、リサイクルされた製品をつかう

生きもののくらしを守る

わたしたち人間は、自然と深くかかわって生きています。環境省（かんきょうしょう）は、地球をとりまくゆたかな自然を未来にのこすため、さまざまなとりくみをしています。

生きものがへる原因（げんいん）は人間!?

わたしたち人間が、ほかの動物や植物を食べものにしたり、自然にあるものをつかって服や家をつくったりするように、地球でくらす生きものたちは、ほかのさまざまな生きものとのかかわりあいのなかで生きています。森や川、草原、海などさまざまな場所で、生きものたちは、おたがいにバランスをたもってくらしていま

す。そんなたくさんの生物がつながって生きていることを、「生物多様性（せいぶつたようせい）」といいます。

しかし現在（げんざい）、こうした生物多様性（せいぶつたようせい）がおびやかされています。その原因（げんいん）をつくりだしているいちばんの"犯人（はんにん）"が、わたしたち人間です。道路や住宅（じゅうたく）、工場などをつくるための開発や、よその土地からもちこんだ生きもの（外来種）、化学物質（かがくぶっしつ）や温暖化（おんだんか）などによる地球環境（ちきゅうかんきょう）の変化が、かつてないほどのスピードで進み、生物多様性（せいぶつたようせい）のバランスをくずしています。

人間のくらしと自然のかかわり

わたしたちは自然にささえられて生きているんだね。

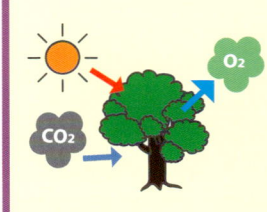

わたしたちの命をささえる
植物が酸素（さんそ）をつくり、微生物（びせいぶつ）がゆたかな土壌（どじょう）をつくるなど、多くの生きものがいることで、人間や多くの生きものが生きる環境（かんきょう）がととのえられている。

衣食住をささえる
動植物が食べものや服、木材、燃料（ねんりょう）など生活に必要な材料として、わたしたちの衣食住をささえている。

生活の安全をささえる
緑ゆたかな森林は、水をたくわえたり、土砂（どしゃ）くずれをふせいだり、強風からわたしたちを守ってくれたりしている。

ゆたかな文化のみなもととなる
さまざまな生きものは、お祭りや郷土料理（きょうどりょうり）、宗教（しゅうきょう）などわたしたちの文化の土台となり、心をゆたかにしてくれる。

貴重な自然を未来にのこす

日本で確認されている生物は約9万種。まだ知られていない生物もふくめると30万種をこえると考えられています。

環境省は1991年から、もともとくらしていた場所に住めなくなり、絶滅の危険が高くなっている「絶滅危惧種」を掲載した「レッドリスト」を公表。2017年現在、3634種の生きものが絶滅危惧種に指定されています。環境省は、こうした絶滅危惧種の保護・管理にとりくんでいます。

環境省はまた、すぐれた自然を「日本の宝」として次の世代にのこすため、「国立公園」を指定して保護・管理しています。

日本全国には2017年現在、34か所の国立公園があり、世界遺産に登録された知床や日光、小笠原も国立公園に指定されています。2013年には東日本大震災からの復興のため三陸復興

絶滅の危機にひんしている動物の例

ニホンウナギ
日本でよく食べられているニホンウナギは、国内でとれる量がへり、生息数も少なくなっていることから、2013年に絶滅危惧種に指定された。

アホウドリ
乱獲によって、伊豆諸島の鳥島にわずかしかいなくなってしまった。2008年から小笠原諸島の聟島で新しい繁殖地をつくるとりくみがつづけられている。

トキ
日本産最後のトキは2003年に死んでしまったが、中国から送られたトキの子孫を育て、野生に返す試みが進められている。

国立公園が指定され、2017年には34番目の国立公園、奄美群島国立公園が誕生しました。

岩手県と宮城県、青森県にまたがる
三陸復興国立公園。

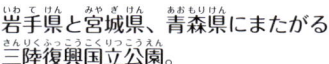

ほかにも、皇居外苑や新宿御苑などの国民公園も、環境省が管理しているの。

環境省 の仕事

化学物質による悪影響をふせぐ

化学物質は、わたしたちの生活を便利でゆたかにしてくれます。しかし、そのあつかい方を一歩まちがえると、人間やほかの生きものに悪影響をあたえてしまいます。

環境省の仕事

生活で利用される化学物質

調味料や保存料、洗剤や化粧品など、わたしたちがつかう多くのものは、さまざまな「化学物質」からできています。

化学物質の中には、製造から廃棄までのあいだにしっかり管理しないと、環境汚染を引きおこして人間の身体や自然に有害な影響をおよぼすものもあります。

たとえば、自動車の排気ガスには健康に悪い影響をあたえる化学物質がふくまれています。

また、わたしたちがふだん家でつかっている洗剤も、そのまま川などに流してしまうと、川や海にすむ生きものに害をあたえてしまうかもしれません。

身のまわりには化学物質がいっぱい！

洗剤や化粧品
洗剤、ファンデーション、口紅、柔軟仕上げ剤など

医薬品
飲み薬やぬり薬など

殺虫剤や農薬、肥料
殺虫スプレー、衣類用防虫剤、園芸用肥料や農薬など

衣類
化学繊維など

食品
保存料、甘味料、着色料、香料、調味料など

塗料や接着剤
塗料、のり、接着剤など

こんな身近なものにも、化学物質はつかわれているんだね！

ルール 化学物質の調査とルールづくり

化学物質が環境におよぼす危険性を知るには、環境の中にどれだけ化学物質がのこっているかを把握する必要があります。そこで環境省では、空気や河川、土の中などにふくまれる化学物質を調べ、そこから人の健康や生きものへの影響の大きさを調査し、状況に応じて輸入・製造などに関する規制をつくっています。

また、化学物質が子どもの健康にも影響しているかを調べるため、全国の10万組の親子に参加してもらい、体内の化学物質などを調べる「エコチル調査」を2011年からはじめています。

工場で物をつくるなど、人間のさまざまな活動によって化学物質が生じ、空気や水、土などがよごれて、健康や環境被害がおこることを「公害」といいます。

これまでに日本でおこった公害のうち、人間の健康にまで大きな被害をおよぼした4つは「四大公害病」とよばれています。

化学物質による病気は、なおるまでに何十年もかかることがあります。そこで環境省は、公害で病気になった人たちへの補償などにもとりくんでいます。

「生物濃縮」って?

食物連鎖によって化学物質が濃縮されている。

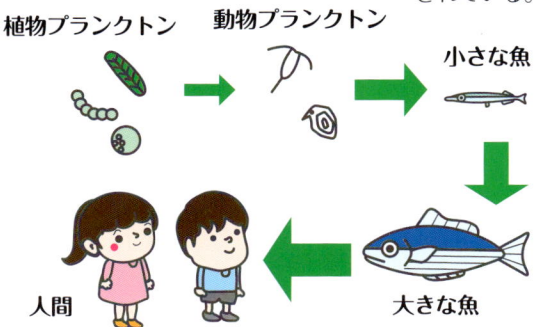

植物プランクトン　動物プランクトン　小さな魚　大きな魚　人間

生きものの体内に入った化学物質は、食物連鎖（食べる・食べられるという関係）が進むと、しだいに濃くなっていく。これを「生物濃縮」という。人間が口にするまでに、食物連鎖によって化学物質が濃縮されている。

大きな被害が出た「四大公害病」

①水俣病（熊本県水俣市）
……1953～1960年ころ
化学工場から流された水に有機水銀という毒物がまざり、その毒が魚にとりこまれた。魚を食べた人は手足がしびれて体が動かなくなり、死んでしまうこともあった。

②新潟水俣病（新潟県新潟市阿賀野川流域）
……1964年ころ
水俣病と同様の被害が、新潟県でもおきた。

③イタイイタイ病（富山県神通川流域）
……1960年ころ
山で鉱石をとるときに出る排水にカドミウムとよばれる金属がまじり、川に流れこんだ。川の下流でとれた米を食べた人が、骨がもろくなって強い痛みが出た。

④四日市ぜんそく（三重県四日市市）
……1950年ころ
石油化学工場などからでる煙で空気が汚染され、ぜんそくの症状で苦しむ人が多くいた。

環境省の仕事

エコチル調査の調査期間は、赤ちゃんがおなかの中にいるときから、13歳になるまでつづくのよ。

大気汚染をふせぐ

自動車や工場などから出る汚染物質（化学物質）によって空気がよごれることを、「大気汚染」といいます。汚染物質は空気中で有害な物質に変化します。

環境省の仕事

人間が生みだす汚染物質

　自動車や工場などから出る汚染物質は空気中で有害な物質に変化し、さまざまな問題を引きおこします。

　汚染物質は、ガスや小さい粒状の物質（粒子）などで、森林火災や火山の噴火をはじめとする自然現象によっても発生しますが、その多くは人間の生活が原因で発生しています。

　酸性雨や光化学スモッグのほか、最近ニュースなどでよく耳にするPM2.5も、汚染物質がもたらす大気汚染の一つです。

近ごろ、PM2.5っていうことばをよく聞くね。

おもな大気汚染

酸性雨
工場や自動車などから出る二酸化硫黄や窒素酸化物などがとけこんだ雨や雪などが、普通よりも強い酸性をしめす現象。川や湖、土を酸性化して生きものに悪影響をあたえる。

光化学スモッグ
工場や自動車から発生する窒素酸化物などが太陽の紫外線の影響を受けることで、空に白くモヤがかかったようになる状態を光化学スモッグという。のどが痛くなるなど、健康にも害がおよぶ。

化学物質への対策

日本では、大気の環境を守るため、1968年に「大気汚染防止法」が定められました。環境省はこの法律にもとづいて、工場からでる化学物質の量をへらしたり、自動車の排気ガスの対策をするなど、さまざまな対策を進めています。

1960年代から1980年代にかけて、日本では産業の発達とともに、大気汚染による健康被害が深刻な問題になっていました。しかし、国の対策や企業の努力で大きく改善し、かつて問題になっていた二酸化窒素や二酸化硫黄などの汚染物質の濃度は、環境省が定めた環境基準よりも低くなっています。

いっぽう、PM2.5や光化学スモッグの原因

となる光化学オキシダントという物質については、環境基準をこえる場所が多く、しっかりと対策をつづけていく必要があります。

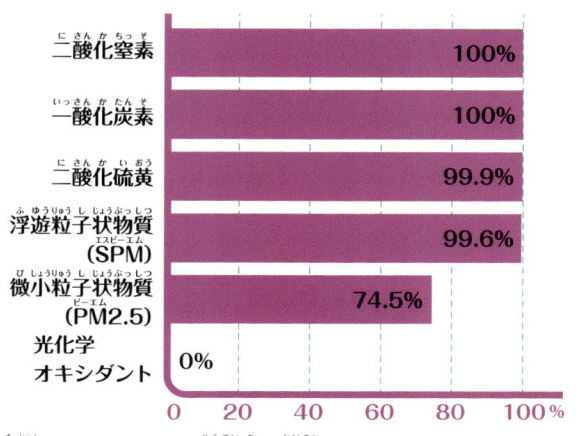

大気汚染物質ごとの環境基準達成率（2015年度）

二酸化窒素	100%
一酸化炭素	100%
二酸化硫黄	99.9%
浮遊粒子状物質（SPM）	99.6%
微小粒子状物質（PM2.5）	74.5%
光化学オキシダント	0%

基準を達成した全国の測定地の割合をしめす。

資料：環境省「平成27年度大気汚染状況について」

環境省 の仕事

ハックション！

PM2.5
大気中にある2.5マイクロメートル（1マイクロメートルは1ミリメートルの1000分の1）以下の小さな粒子。とても小さいため肺の奥深くまで入りやすく、鼻水や目のかゆみなどのアレルギー症状のほか、気管支炎やぜんそくといった健康被害をまねく可能性がある。

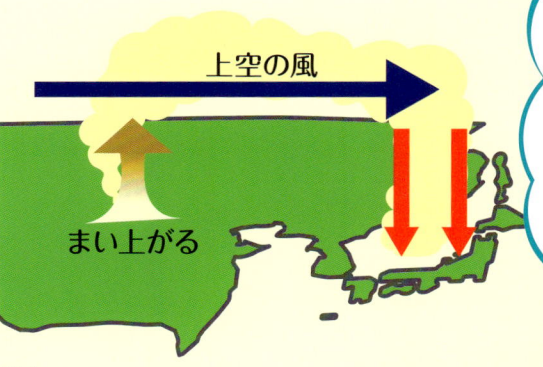

上空の風

まい上がる

黄砂
中国大陸内陸部の砂漠などの砂が風に乗って数千メートルの高さにまき上げられ、日本にもやってきてふりそそぐ現象。地球全体の気候に影響をあたえるほか、海の生きものにも悪影響があると考えられている。

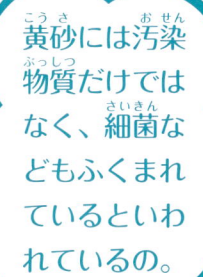

黄砂には汚染物質だけではなく、細菌などもふくまれているといわれているの。

水や土壌の安全を守る

水は地球のかぎりある資源です。生きものの命を育み、わたしたちの生活や産業に欠かせない水や土壌を守ることも、環境省のたいせつな役目です。

環境省の仕事

水質汚濁の主原因は生活排水

「水の惑星」ともよばれ、表面の3分の2を水でおおわれている地球には、約14億km³の水が存在するといわれています。しかしその大部分は海水で、川や湖、沼など人が利用しやすい状態にある水は約10万km³と、全体の0.01%にも満たない量です。

そんな貴重な水資源を守るためには、水をよごさないくふうが大事です。水の汚染のおもな原因に、各家庭から出る生活排水があります。

なかでも、とくに水をよごしているのが、台所の排水です。排水をきれいな水にして放流する浄化槽や下水処理場の処理能力には限界があるため、家庭から出る排水をへらしていくこともたいせつなのです。

生活排水の中のよごれ

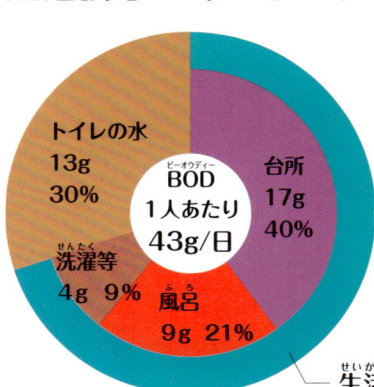

BOD 1人あたり 43g/日

- トイレの水 13g 30%
- 台所 17g 40%
- 洗濯等 4g 9%
- 風呂 9g 21%

生活雑排水30g 70%

BOD：水のよごれをあらわす指標の一つ。数値が大きいほどよごれている。

資料：生活雑排水対策推進指導指針をもとに環境省作成

生活排水のよごれの4割は台所から出ているんだね。

魚がすめる水質にするためにきれいな水がどれくらい必要？

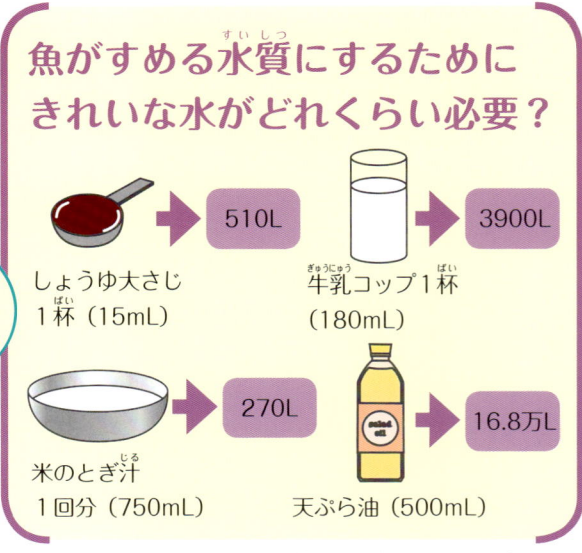

しょうゆ大さじ1杯（15mL） → 510L	牛乳コップ1杯（180mL） → 3900L
米のとぎ汁1回分（750mL） → 270L	天ぷら油（500mL） → 16.8万L

資料：東京都環境局パンフレット「とりもどそう私たちの川と海を」

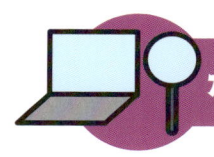

水や土壌のよごれを調査・管理

水と同じように、土壌は作物を育てるなど、わたしたちの生活をささえているたいせつなものです。しかし近年、工場などで使用された化学物質が原因で土壌汚染がおこるケースもふえています。

きよらかで安全な水や土壌を守るため、環境省では「環境基準」という数値目標を定めて水質や土壌の調査をおこない、有害な物質がわたしたちの身体や生活に影響しないように規制や対策を進めています。

また、近年は海岸に打ち上げられた「漂着ごみ」が、自然環境だけではなく景観や漁業に被害をもたらすものとして、大きな問題になっています。2015年に日本全国に漂着したごみは、推計最大58万トン。そのうちもっとも多かったのは、プラスチックのごみでした。

環境省はこうした漂着ごみの状況を調査して、地方自治体がごみを回収し処理するのをたすけるとともに、国内だけではなく外国とも協力して、海に流出するごみの削減にむけたとりくみをおこなっています。

海流に乗って外国からもごみが日本に流されてきているそうよ。

水や土壌がよごれるとどんな影響がある?

水道水が安心して飲めなくなってしまう。

野菜などの食べものが、元気に成長できなくなってしまう。

海でプランクトンが大量発生したり、酸素不足になって魚や貝がすめなくなってしまう。

地下水が汚染されると、井戸水を飲むことで体調が悪化してしまう。

環境省の仕事

そのほかの環境省の仕事

環境省は、ここまでに紹介した以外にもさまざまな役割をになっています。東日本大震災の復旧・復興へのとりくみ、環境保全のたいせつさを伝えることも大事な仕事です。

SAVE 東日本大震災を乗りこえるために

2011年3月11日におきた東日本大震災と、それにともなう福島第一原子力発電所事故は、東北地方を中心とする各地に大きな被害をもたらしました。環境省は、被災した人びとに一日でも早く安心で安全なくらしをとりもどすため、復旧・復興にむけたさまざまなとりくみを進めてきました。

たとえば、福島第一原子力発電所事故による放射性物質で汚染された災害廃棄物の処理や、汚染地域の除染（汚染をとりのぞくこと）、周辺住民の健康管理などにとりくんでいます。

環境省の中にある原子力規制委員会は、福島第一原発の事故のあと、2012年につくられました。原子力や地震の専門家が集まって、地震や津波による事故をおこさないために、原子力発電所をつくるときや動かすときの基準や、安全に必要な対策を話しあってきめています。また、原子力発電所から出る放射線量を地域ごとにはかって、情報を公開しています。

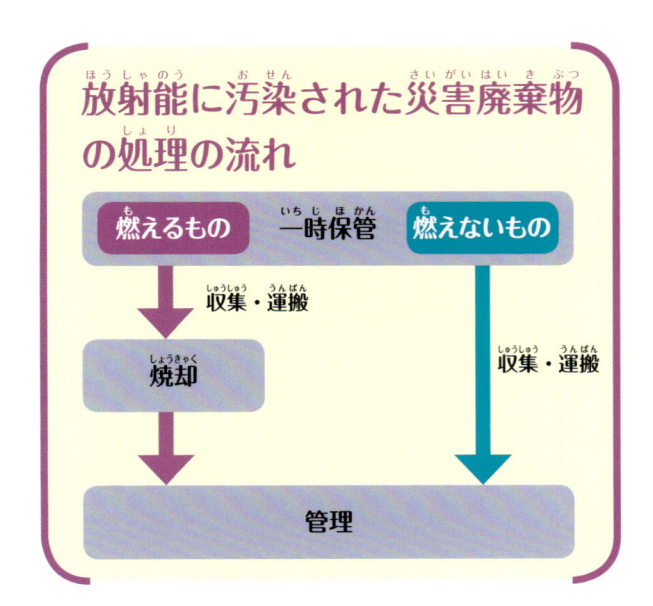

放射能に汚染された災害廃棄物の処理の流れ

燃えるもの	一時保管	燃えないもの
↓ 収集・運搬		
焼却		↓ 収集・運搬
↓		↓
管理		

東日本大震災の復興は、いまもつづいているのよ。

汚染した芝や土の表面をけずりとる除染作業のようす。

「環境アセスメント」を考える

道路や空港、ダム、鉄道のような規模の大きなものをつくろうとしたとき、その周辺の環境には大きな影響があります。これまで周辺でとれていた魚がとれなくなったり、大気が汚染されたりするかもしれません。

そのため、これらをつくりたい人（事業者）は、国が定めた「環境影響評価法」にもとづいて、事前に周辺環境への影響を評価する「環境アセスメント」をおこなう必要があります。この

便利なものをつくるときでも、環境に影響がないかを、事前に考える必要があるの。

環境アセスメントで評価する項目や手続きのルールをきめているのが、環境省です。

事業者や地方自治体が、それにそって計画を進めることで、環境を守りながら開発ができるのです。

環境問題への関心を高める

地球温暖化や大気汚染、化学物質などの環境問題を解決するためには、環境省だけではなくわたしたち国民一人ひとりが環境問題についての知識や理解を深め、実際に行動へと移すことが重要です。

そのために、環境省が力を入れているのが、テレビ・新聞などのメディアやインターネットを通じた広報活動です。ホームページや公式ツイッター、広報誌、ユーチューブやメールマガジンなどで、環境保全のたいせつさを国民に伝えています。

環境省は、毎年6月5日を「環境の日」、6月の1か月を「環境月間」と定め、国や地方自治体、民間団体などが広く参加する行事を全国で展開しています。

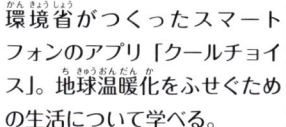

環境省は地球の環境を守るために、いろいろな情報をぼくたちに提供しているんだね。

環境省がつくったスマートフォンのアプリ「クールチョイス」。地球温暖化をふせぐための生活について学べる。

環境省の仕事

環境省　データを見てみよう

環境省は、地球の環境問題について、世界の国ぐにとも協力してとりくんでいます。
ここでは、世界の環境について考えてみましょう。

環境省　の仕事

二酸化炭素をたくさん出している国は？

二酸化炭素は、地球温暖化を進める温室効果ガスの一つです。

二酸化炭素を出す量（排出量）がもっとも多い国は中国で、2番目に多いのはアメリカ。この2国は、毎年50億トン以上の二酸化炭素を排出し、全世界の45%近くをしめています。いっぽう、日本は世界で5番目に多い国です。1人あたりの排出量ではアメリカがもっとも多く、日本の約1.7倍、中国の約2.4倍です。

二酸化炭素の増加は、発電などのために石炭や石油などを燃やす量がふえたのがおもな原因です。そのため、工業化の進んだ先進国が大きな割合をしめ、1人あたりの排出量では発展途上国を大はばに上まわっています。

発展途上国では二酸化炭素の1人あたりの排出量はまだ少ないですが、人口の増加や経済の発展によって、排出量が今後さらにふえていくことが予想されます。現在、世界各国が協力して、二酸化炭素の排出をへらすとりくみを進めています。

> 1人あたりだと、順位が大きくかわってくるのね。

世界の国の二酸化炭素排出量の割合（2014年）

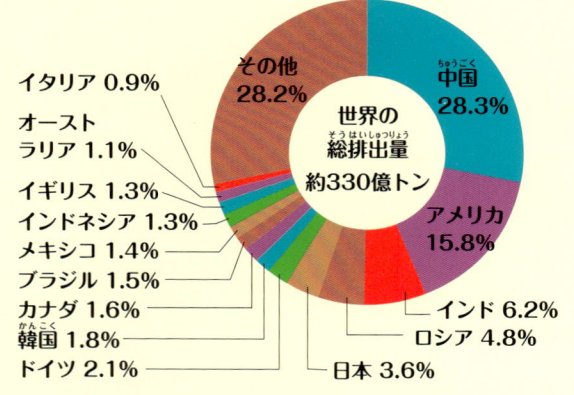

世界の総排出量　約330億トン

- 中国 28.3%
- アメリカ 15.8%
- インド 6.2%
- ロシア 4.8%
- 日本 3.6%
- ドイツ 2.1%
- 韓国 1.8%
- カナダ 1.6%
- ブラジル 1.5%
- メキシコ 1.4%
- インドネシア 1.3%
- イギリス 1.3%
- オーストラリア 1.1%
- イタリア 0.9%
- その他 28.2%

二酸化炭素の1人あたりの排出量（2014年）

（単位：トン）

- アメリカ 16.4
- 韓国 11.5
- ロシア 11.0
- 日本 9.5
- ドイツ 8.7
- 中国 6.9
- インド 1.6
- アフリカ諸国 1.0

資料:EDMC／エネルギー・経済統計要覧2017年版

ごみの量は40年で2倍にふえる!?

世界の経済が成長し、人口が増加するにつれて、ごみの量はふえつづけています。世界のごみの量は、2010年には約104.7億トンでしたが、2050年には約223.1億トンと2倍以上にまでふえると予測されています。

21世紀には、これまでのような先進国だけではなく発展途上国でも急激な経済発展・人口増加が予想され、ごみがふえて環境に悪い影響をおよぼすことが心配されています。

とくに発展途上国では、ごみ処理などの技術にとぼしく、ごみをへらすことに対する人びとの意識がうすいため、環境にあたえる影響はさらに深刻になっていく可能性があります。

環境省は、日本国内だけではなくアジア全体で「循環型社会」をつくるために、さまざまなとりくみを進めています。

たとえば、ごみ処理やリサイクルに関する技術を日本から海外に広めるための事業を支援したり、海外の政府や企業などに「3R」(→15ページ)の推進をよびかけたりしています。

世界のごみの量の将来予測

> 経済発展が急速に進むアジアのごみの量がとくにふえていくんだね。

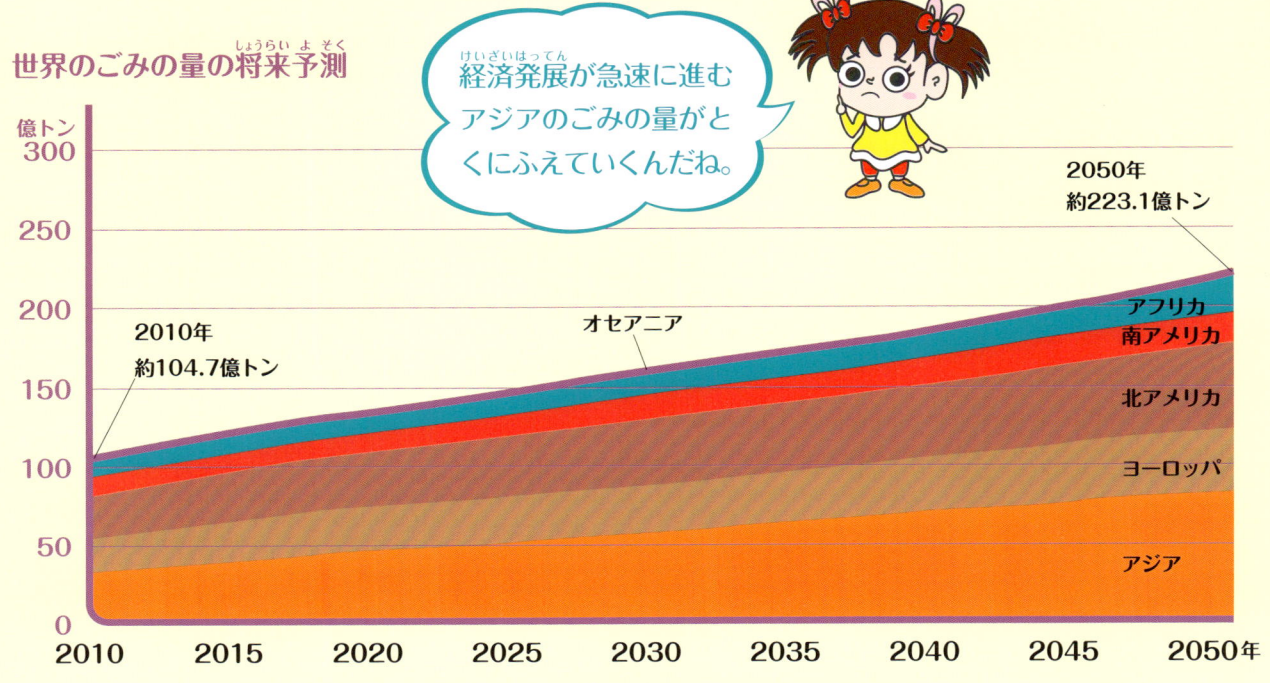

資料:「世界の廃棄物発生量の推計と将来予測 2011改訂版」(田中勝/(株)廃棄物工学研究所)

世界には水不足で悩む人がいっぱい

日本の水道水は、どこでも飲料水として利用できます。しかし、蛇口をひねれば安全できれいな水が出てくるのは、世界的に見ればとてもめずらしいことです。

世界には水不足になやむ国がたくさんあります。世界保健機構（WHO）によると、世界の12億人が安全な飲み水を確保できず、不衛生な水などを原因とする病気で毎年180万人もの子どもたちが命を落としているそうです。また、水をめぐるあらそいも世界各地でおきています。

水不足のいちばんの原因は、人口の増加。そ

世界の人口と水消費量の移りかわり

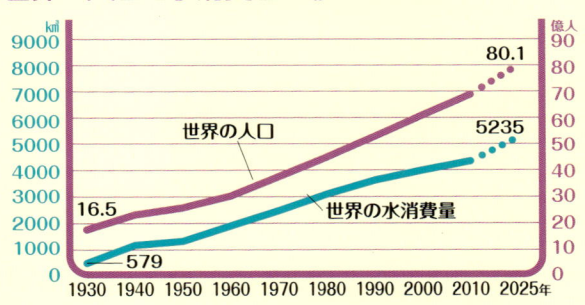

世界の人口増加とともに、水の消費量もどんどんふえている。

資料：国際連合、ユネスコ

れとともに、生活用水や農業用水、工業用水の使用量もふえつづけています。また、水質汚染も問題になっています。

水はわたしたちが生活するうえで、なくてはならない大事なもの。これからも安全な水を確保するために、世界中の国ぐにが水の問題について真剣に考えなくてはなりません。

世界各地でおこる、水資源をめぐるあらそい

ドナウ川をめぐるスロバキア・ハンガリー間のあらそい

ヨルダン川をめぐるイスラエル・ヨルダン・レバノン間のあらそい

アラル海をめぐるカザフスタン・ウズベキスタン間のあらそい

コロラド川をめぐるアメリカ・メキシコ間のあらそい

漢江をめぐる北朝鮮・韓国間のあらそい

ナイル川をめぐるエジプト・スーダン・エチオピア間のあらそい

セネバ川をめぐるエクアドル・ペルー間のあらそい

インダス川をめぐるインド・パキスタン間のあらそい

ガンジス川をめぐるインド・バングラデシュ間のあらそい

パラナ川をめぐるアルゼンチン・ブラジル・パラグアイ間のあらそい

資料：国土交通省

日本では考えづらいことだけど、水をめぐる国と国とのあらそいもたくさんおきているの。

環境省　なんでもQ&A

これまでのページで学んだこと以外にも、環境省についてのいろいろな疑問をたずねてみましょう。

環境省は、いつ、どうやってできたの？

1971年に、まず環境庁という役所ができて、その後、資源不足や地球温暖化などが大きな問題になったの。こうした問題を解決するため、環境庁が2001年に、環境省という大きな組織になったのよ。

外来種って、わたしたちの身近なところにもいるの？

たとえば、四葉のクローバーでおなじみのシロツメクサは、牧草として外国からやってきた外来種。川や沼などにすむアメリカザリガニやブラックバス、ウシガエルも外来種だよ。外来種は、身近なところに意外とたくさんいるのね。

日本は、温室効果ガスを実際にどれくらいへらすことを目標にしているの？

温室効果ガスの排出量を、2005年にくらべて2030年に約25%、2050年に約80%へらそうと考えているの。この目標にむけて、環境省もいろいろなとりくみを進めているのよ。

環境問題を解決するために、わたしたちにできることはあるの？

ごみを少なくする「3R」の活動は、だれでもかんたんにはじめられるとりくみ。ほかにも、電気をつけっぱなしにしない、水を出しっぱなしにしないなど、一人ひとりがふだんのくらしの中でできることはたくさんあるのよ。

環境省の仕事

環境省のこと、もっと知りたいなら

環境省についてさらに深く知りたい人のために、環境省の仕事にかかわる本やホームページ、見学できる施設などを紹介します。

わからないことは、施設の人に問い合わせてみるのもいいね。

環境省の仕事

オススメの本

『地球環境問題がよくわかる本』

浦野紘平
浦野真弥／著
オーム社

地球温暖化や大気汚染など、身近におこっている環境問題をテーマごとに紹介。イラストと図表がふんだんに入っている。

オススメのホームページ

こども環境省

http://www.env.go.jp/kids
環境省の仕事やとりくみを、イラストや写真などをつかって紹介。毎年発表される『こども環境白書』も見ることができる。

いきものログ

http://ikilog.biodic.go.jp
環境省などの組織や、個人がもっている生きものの情報を共有して、全国の生きものマップをつくるサイト。登録制なので、事前におうちの人に相談しよう。

オススメの施設

国立環境研究所

環境についてはば広く調査・研究をする日本で唯一の研究機関。事前に予約すれば見学でき、春・夏には一般公開をおこなっている。

住所：茨城県つくば市小野川6-2
電話：029-850-2314

毎年7月にひらかれる夏の一般公開のようす。

環境省自然環境局　生物多様性センター

自然環境や生物多様性の現状を調査し、その情報を保管・提供する環境省の施設。生物多様性のたいせつさをテーマにした展示室をもうけ、一般公開している。

住所：山梨県富士吉田市上吉田剣丸尾5597-1
電話：0555-72-6031

第2章

防衛省の仕事

防衛省ってどんなところ？

ぼう えい しょう

防衛省の仕事

日本の平和と独立を守る

1945年に第二次世界大戦が終わり、70年以上がたちました。日本は、この戦争でたいへん大きな被害を受けました。

そのいっぽうで、日本の侵略や植民地（侵略によってほかの国に支配された地域）政策によって、アジアの人びとに大きな損害と苦痛をあたえたことにも目をむけなければなりません。

日本は戦後、二度と戦争をしないときめ、平和国家の建設をめざして努力してきました。

永遠につづく平和は、日本国民の願いです。国のもっともたいせつなきまりである日本国憲法の原則の一つに、二度と戦争をおこなわないという「平和主義」があります。憲法の第9条には、戦争を放棄し、そのための戦力をもたないことが記されています。

戦争放棄

せん そう ほう き

防衛省には自衛隊がおかれ、日本の平和と独立を守り、国の安全をたもつ仕事をしています。

陸上・海上・航空自衛隊の3つの防衛組織をとりしきり、災害がおきたときの救助活動や、外国の軍隊の侵入をふせぐための活動にとりくんでいます。

自衛隊の最高の指揮監督権は、内閣総理大臣にあり、直接的な命令は防衛大臣がおこなっています。これは、政治家が軍人でない文民として、自衛隊をコントロールしなければならないという「文民統制」で、自衛隊を国民の考えにそって動かしていこうという考えかたです。

日本と国民の安全を守る、防衛省の仕事のようすを見ていきましょう。

災害がおきたときに国民を助ける

大きな災害がおこると、自衛隊は「災害派遣」で出動し、さまざまな活動をおこなっています。災害派遣では、具体的にどのような活動をしているのでしょうか。

✚ 国民の命や財産を守る災害派遣

　日本は、地震や台風、洪水、火山の噴火、大雪などの自然災害が多い国です。また、火災や船、飛行機などの大きな事故、テロなどによる事件がおきる可能性もあります。ほかにも、山などに遭難者がいれば、救出しなければならない場合もあります。

　防衛省と自衛隊は、こうした災害がおきたとき、地方自治体（都道府県や市区町村）や警察、消防などと協力して消火の支援や捜索・救助活動、復旧活動をおこなって国民を助けています。これを「災害派遣」といいます。

　災害がおきると、都道府県知事などが災害派遣の要望を出します。それを受けて、防衛大臣（または防衛大臣が指定する人）は自衛隊へ派遣の命令を出します。ただし、とくに緊急の場合は知事の要望を待たずに派遣されます。

災害派遣の流れ

災害発生！

- 緊急の場合 →（防衛大臣、または防衛大臣の指定する人へ）
- → 市町村長 →（通知）→ 都道府県知事や海上保安庁（国土交通省）など →（派遣の要請）

↓

防衛大臣、または防衛大臣の指定する人

↓ 派遣の命令

部隊派遣（自主派遣）　／　部隊派遣

↓

災害派遣活動

自衛隊は災害からわたしたちを守ってくれているんだ！

福島県でおきた山林火災で空中から消火活動をする自衛隊のヘリコプター。

7〜8割は緊急患者の輸送

　2011年に発生した東日本大震災では、東北地方の沿岸部を中心に大きな被害が出ました。防衛省と自衛隊は、地震発生後から被災者の救助に全力でとりくみました。

　被災者への入浴、給水などの生活支援や行方不明者の捜索、福島第一原子力発電所事故への対応などにあたった隊員は、のべ約1066万人。こうした災害時の活躍が、国民の自衛隊への信頼につながっています。

　災害派遣がおこなわれるのは、台風や地震などの自然災害に対してだけではありません。1年間の災害派遣の件数をみると、医療施設にめぐまれない離島などの救急患者の輸送が7〜8割を占めています。とくに多いのが、多数の島じまからなる沖縄県や長崎県、鹿児島県からの要請です。夜間や気象条件が悪いときほど依頼がくる、まさに命がけの任務です。

　災害派遣にはふくまれませんが、戦後70年以上たった今も発見される不発弾の処理も、自衛隊にしかできない大事な活動の一つです。

九州北部でおきた大雨に対する災害派遣で、住民を救助する自衛隊員たち。

救急患者の輸送の次に多いのは、消火の支援なんだね。

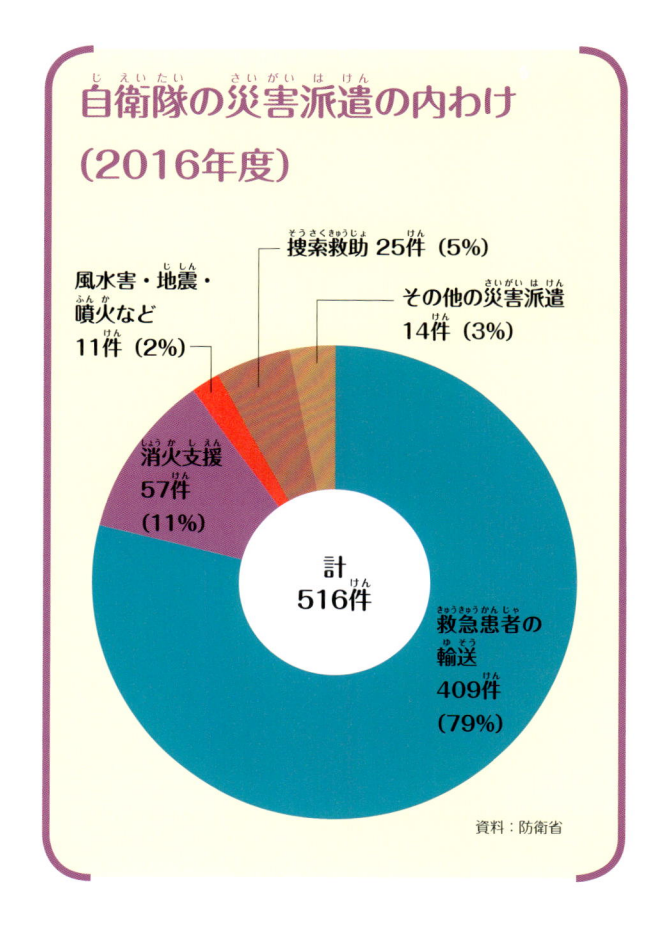

自衛隊の災害派遣の内わけ（2016年度）

- 捜索救助 25件（5%）
- 風水害・地震・噴火など 11件（2%）
- その他の災害派遣 14件（3%）
- 消火支援 57件（11%）
- 救急患者の輸送 409件（79%）

計 516件

資料：防衛省

他国の侵略から国を守る

平和主義を原則とする日本国憲法のもとで、日本の防衛政策はどのように進められているのでしょうか。自衛隊の活動の範囲は、憲法の解釈の変更によって広がっています。

！ 万が一のために訓練を重ねる

戦争に対する反省と原爆被害などのいたましい経験は、時間が経過して戦争を体験した人たちが亡くなってもわすれてはならないことです。一人ひとりが教訓として受けつぎ、日本国憲法の平和主義にもとづいて、戦争をふせぐ使命をもっています。

日本の平和や安全、独立は、世界の国ぐにとの協力もあって守られるものです。

しかし万が一、日本が他国から侵略を受けてしまったらたいへんです。そんなとき、「自衛（自分の力で自分を守る）」する力がなければ、なすすべがありません。

そうした「もしも」のことを考え、防衛省と自衛隊は日本国民や日本の国土・海・空を守るために、必要な装備をそなえて、訓練を重ねているのです。

平和なのがいちばんだけど……

平和であるためには、世界の国ぐにと仲よくすることが重要。

しかし万が一、日本が外国に攻められたときに、自衛隊が国民や国土を守る。

広がる「自衛」の範囲

独立国である日本には、国際法上、他国の侵略などから国を守る「自衛権」がみとめられています。日本国憲法の第9条では「戦争のための武力をもつこと」が禁じられていますが、日本の政府は「自衛のための必要最小限度の実力をもつこと」は、憲法でみとめられていると考えています。

日本国憲法のもと、日本は相手から攻撃を受けたときにはじめて防衛の行動をとる「専守防衛」にてっしています。たとえば、Xという国が日本に対して攻撃した場合、自衛隊は日本を守るために必要最小限の武力をつかうことが

できます（個別的自衛権）。しかしこの考えでは、日本と密接な関係にあるY国（たとえばアメリカ）がX国に攻撃されても、自衛隊は反撃すること（集団的自衛権）ができませんでした。そこで2015年、政府は憲法第9条のとらえかたをかえ、条件を満たせば集団的自衛権をつかえるようにする「安全保障関連法」を成立させました。日本をとりまく環境が変化したためです。

これによって、もしY国がX国に攻撃された場合、自衛隊は日本が直接攻撃されていなくても、Y国を助けて反撃できることになります。しかし、いっぽうで政府が憲法は変えないで、その解釈を変更して自衛隊の役割を変えたことには、批判の声もあがっています。

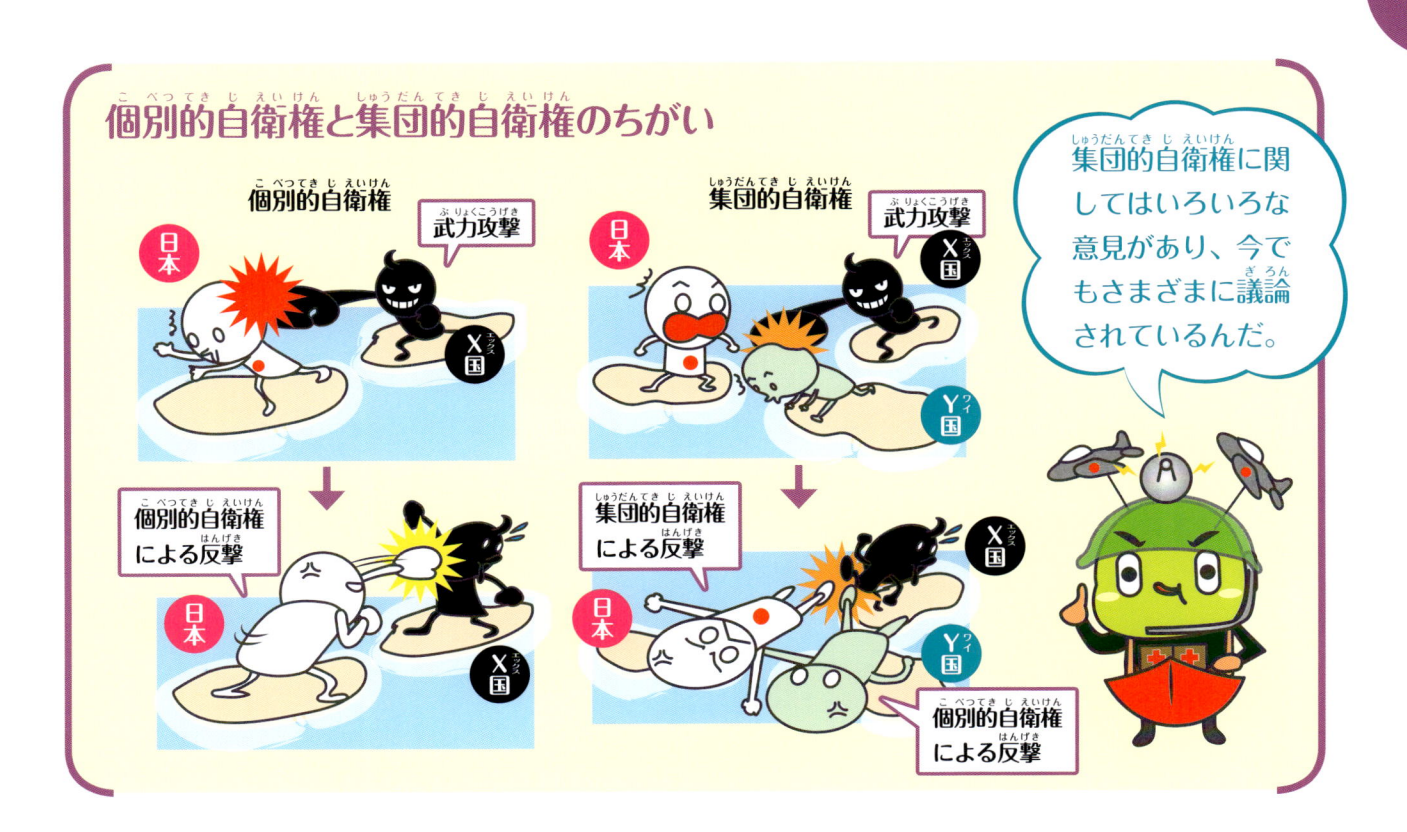

個別的自衛権と集団的自衛権のちがい

個別的自衛権

武力攻撃

日本　X国

個別的自衛権による反撃

日本　X国

集団的自衛権

武力攻撃

日本　X国

集団的自衛権による反撃

日本　X国　Y国

個別的自衛権による反撃

集団的自衛権に関してはいろいろな意見があり、今でもさまざまに議論されているんだ。

外国の軍隊との協力・交流

自衛隊（じえいたい）が守っているのは、日本の平和だけではありません。世界各地に派遣（はけん）されて、国際社会（こくさいしゃかい）の平和と安定の維持（いじ）のために一生懸命（けんめい）はたらいています。

防衛省の仕事

在日米軍との連携（ざいにち／れんけい）

日本はアメリカと1951年に日米安全保障条約（にちべいあんぜんほしょうじょうやく）をむすび、日本の安全と東アジアの平和を守るための協力関係を築（きず）いています。この条約（じょうやく）にもとづいて、日本には現在（げんざい）130以上のアメリカ軍基地（きち）がおかれています。在日アメリカ軍（在日米軍）（ざいにち／ざいにちべいぐん）の兵力数は約4万4000人で世界最大。基地（きち）は、第二次世界大戦の終わりに地上戦がおこなわれ、1972年までアメリカの領土（りょうど）だった

沖縄県（おきなわけん）にとくにたくさんあります。

いざというときにそなえて、自衛隊（じえいたい）はアメリカ軍と共同訓練もおこなっています。日本を侵略（しんりゃく）しようとする国は、アメリカとも戦うことになり、日本への攻撃（こうげき）を思いとどまらせる力になります。

2011年の東日本大震災（だいしんさい）では「トモダチ作戦」の名のもと、宮城県仙台空港（みやぎけんせんだいくうこう）の復興作業（ふっこうさぎょう）など、アメリカ軍による被災地（ひさいち）の支援活動（しえんかつどう）がおこなわれ、日本とアメリカの関係が強化され、親密（しんみつ）さも深まっています。いっぽうで、課題にも目をむける必要（ひつよう）があります。その一つが「日米地位協定（にちべいちいきょうてい）」です。日本に住むアメリカ軍の兵士は日本の法律を尊重（ほうりつ／そんちょう）する必要（ひつよう）がありますが、場合によってはアメリカの法律が優先（ゆうせん）されます。このため、日本で犯罪（はんざい）をおかしたアメリカ軍の兵士の取り調べや逮捕（たいほ）ができないということが、おこっているのです。

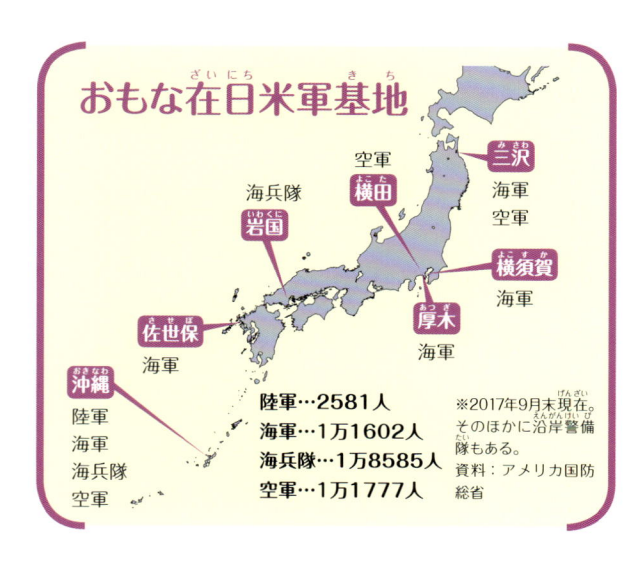

おもな在日米軍基地（ざいにち／きち）

三沢（みさわ）
空軍
海軍
空軍

横田（よこた）
空軍

岩国（いわくに）
海兵隊

横須賀（よこすか）
海軍

厚木（あつぎ）
海軍

佐世保（させぼ）
海軍

沖縄（おきなわ）
陸軍
海軍
海兵隊
空軍

陸軍…2581人
海軍…1万1602人
海兵隊…1万8585人
空軍…1万1777人

※2017年9月末現在（げんざい）。そのほかに沿岸警備（えんがんけいび）隊もある。
資料：アメリカ国防総省

自衛隊（じえいたい）は在日米軍（ざいにち）と連携（れんけい）して、日本周辺での緊急（きんきゅう）事態（じたい）にそなえているんだ。

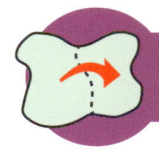

国境をこえた国際貢献

海外で戦争がおこっていても、自衛隊がそこに参加することは憲法で禁止されています。しかし自衛隊は国際社会の平和と安定のために、国際協力活動に積極的にとりくんでいます。

その活動は、世界各地での国際連合平和維持活動（国連PKO）や、医療活動、ヘリなどによる物資の輸送、給水活動をおこなう国際緊急援助活動などさまざまです。

国境をこえたこうした自衛隊の国際貢献に

国連PKOで中央アメリカのハイチへ派遣された自衛官。

よって、世界各国の日本への信頼が深まっています。

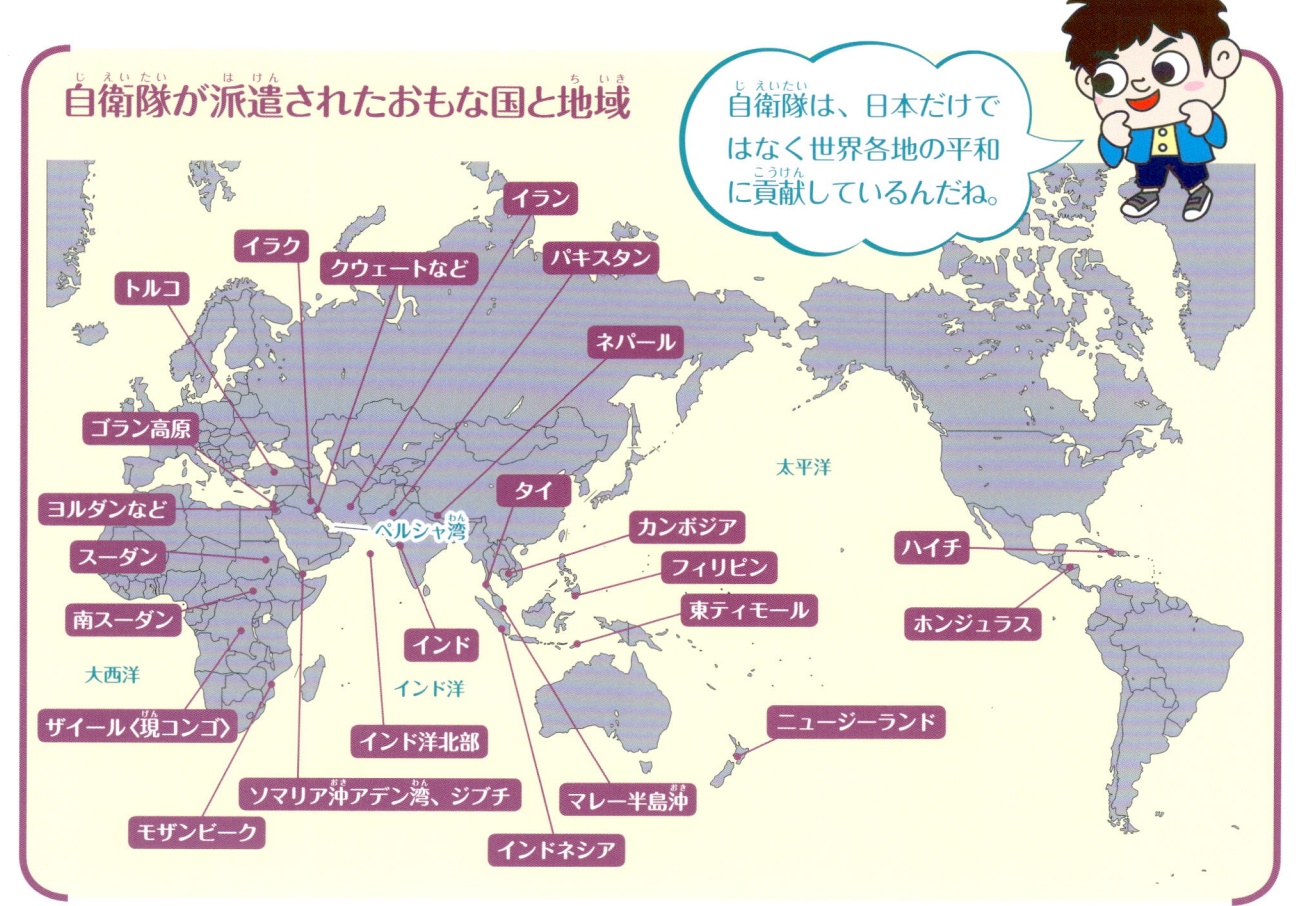

自衛隊が派遣されたおもな国と地域

自衛隊は、日本だけではなく世界各地の平和に貢献しているんだね。

イラン
イラク
クウェートなど
パキスタン
トルコ
ネパール
ゴラン高原
ヨルダンなど
ペルシャ湾
タイ
カンボジア
スーダン
フィリピン
ハイチ
南スーダン
東ティモール
ホンジュラス
インド
大西洋
インド洋
ザイール〈現コンゴ〉
インド洋北部
ニュージーランド
ソマリア沖アデン湾、ジブチ
マレー半島沖
モザンビーク
インドネシア
太平洋

国民や領土を守る　陸上自衛隊

自衛隊には、「陸上自衛隊」「海上自衛隊」「航空自衛隊」という3つの防衛組織があります。なかでも陸上自衛隊は、最大の隊員数を誇る、とても大きな組織です。

防衛省の仕事

日本最大の防衛組織

自衛隊のうち、隊員数が約13万6000人ともっとも多い防衛組織が陸上自衛隊です。陸上自衛隊は、日本に対する外国の侵略を未然にふせぐとともに、万が一、侵略があった場合に国民や領土を守ることをおもな役割にしています。

日本全国には約160か所におよぶ陸上自衛隊の駐屯地や分屯地があります。日本列島を5つの区域に分け、それぞれに北部、東北、東部、中部、西部の「方面隊」とより細かい部隊である師団・旅団を数個配置しています。

さらに、地域ごとの組織に加え、新たな脅威やさまざまな事態に対処するため、空挺団、ヘリコプター団など専門的な機能をもつ部隊が集まり、「中央即応集団」を編成。国際平和協力活動にもいちはやく対応しています。

陸上自衛隊の部隊配置

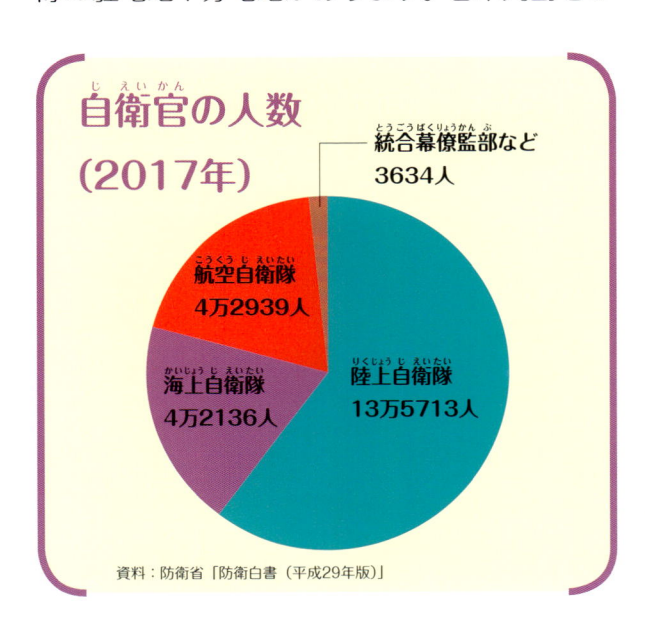

自衛官の人数（2017年）

統合幕僚監部など　3634人
航空自衛隊　4万2939人
海上自衛隊　4万2136人
陸上自衛隊　13万5713人

資料：防衛省「防衛白書（平成29年版）」

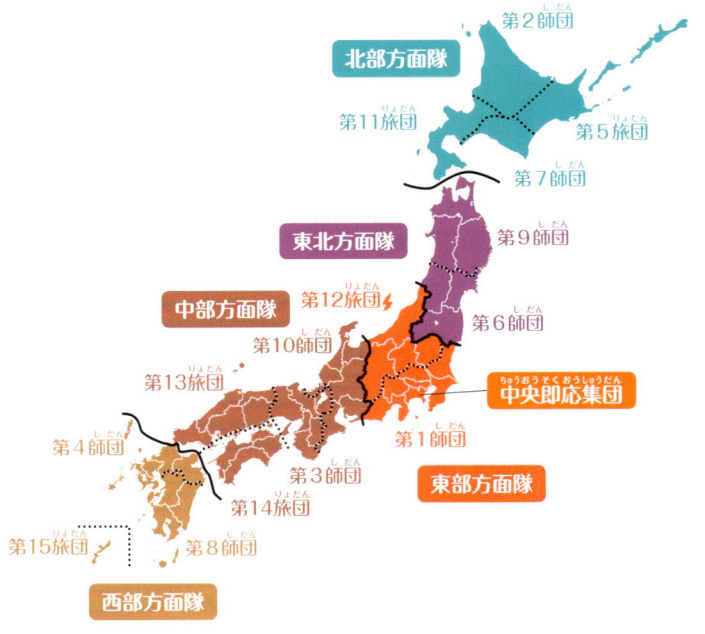

北部方面隊　第2師団　第11旅団　第5旅団　第7師団
東北方面隊　第9師団
中部方面隊　第12旅団　第10師団　第6師団
第13旅団　中央即応集団
第4師団　第3師団　第1師団
第14旅団　東部方面隊
第15旅団　第8師団
西部方面隊

もとめられる役割

陸上自衛隊はさまざまな事態に対し、すばやく変化に対応できる態勢をととのえようと考えています。

たとえば、日本周辺の海や空での安全の確保、大小さまざまな島に対する攻撃への対応などがあります。陸上自衛隊は普段から部隊を配置し、海や空からの侵略があった場合は、すばやく部隊を展開してその侵略を阻止・排除して日本の国民と国土を守ろうとしています。

日本を取りまく国際関係が複雑になる中で、自衛隊の対応が必要な事態がふえているよ。

また、大規模な侵攻や小部隊・特殊部隊による攻撃への対応、弾道ミサイルへの対応についても訓練しています。

陸上自衛隊には、ほかにも宇宙空間での攻撃や、ネットワークを通じてのハッキングなどの攻撃への対応、大規模災害などの対応といった役割も期待されています。

毎年8月ころに実施されている陸上自衛隊の富士総合火力演習。

戦車やヘリコプターなどによる訓練のようすを、間近に見られるんだって。

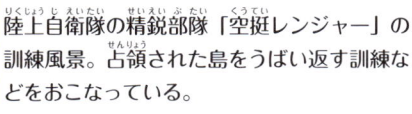

陸上自衛隊の精鋭部隊「空挺レンジャー」の訓練風景。占領された島をうばい返す訓練などをおこなっている。

海からの侵入をふせぐ　海上自衛隊

海からの侵略から日本を守ることをおもな役割にしているのが、海上自衛隊です。海上自衛隊はどのような組織で、どのような役割をはたしているのでしょうか。

防衛省 の仕事

日本の「海」の安全を守る

日本は海にかこまれた島国で、多くの資源の輸入や製品の輸出などを船でおこなっています。日本周辺の海域で船が安全に行き来できるようにするとともに、海上からの外国の侵略を海の上でおしとどめ、日本を守る役割をになっているのが海上自衛隊です。海上自衛隊では約4万2000人の自衛官が任務についています。

海上自衛隊の中心となるのは「自衛艦隊」で、艦艇約90隻、航空機約200機をもっています。

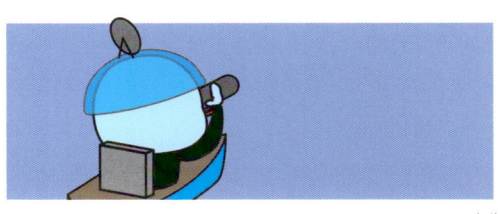

また、それとは別に5つの「地方隊」が編成されています。

国土交通省の「海上保安庁」と、海の平和・安全を守るという意味では似ていますが、その役割は大きくことなります。

海上保安庁は犯罪を未然にふせぐ「海の警察」の役割や、船の消火活動をする「海の消防」の役割、海の航行の安全にかかわる業務などを日常的に担当しています。それに対して、海上自衛隊のいちばんの仕事は、他国からの侵略やミサイル攻撃などから日本を守ることです。

海上自衛隊と海上保安庁はどうちがう？

	海上自衛隊	海上保安庁
所属する省	防衛省	国土交通省
おもな仕事	●海上からの外国の侵略から日本を守る ●災害が発生した場合の支援活動 ●海上保安庁からの要請を受けて遭難した船などの捜索救助、急病人の輸送、油流出事故の際の油の回収作業	●海の犯罪の捜査や逮捕など ●火災がおきた船の消火などの海難救助 ●水路の測量（海の地形を調べる） ●海図の作成 ●灯台などの航路標識の建設や運用

日本は島国だから、海からの侵略を食い止めるのがとても重要なんだ。

海上自衛隊のさまざまな仕事

海上自衛隊は、海上における哨戒（ほかの国がおそってくるのを警戒すること）、行き来する船の護衛、港湾・海峡の防衛などをおこないます。弾道ミサイル防衛では、高性能レーダー（対象物との距離や方向をはかる機械）で同時に多数の目標を攻撃できるイージス艦で、ミサイルをむかえうつ準備をしています。

自衛艦隊が日本周辺の全域の防衛にあたる

いっぽうで、地方隊は、担当する警備区域の海上防衛と、自衛艦隊などへの後方支援（たとえば燃料や食料の補給）にあたります。

また、必要に応じて大規模災害などのときに支援活動をしたり、海上保安庁からの要請を受けて遭難した船などの捜索・救助をしたり、急患輸送や石油を積んだ船で油流出事故がおきたときの油の回収作業などをおこなったりします。

南極観測船の「しらせ」は、文部省（現在の文部科学省）が建造し、海上自衛隊が運航を担当しています。

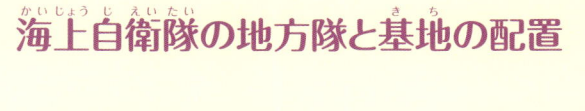

海上自衛隊の地方隊と基地の配置

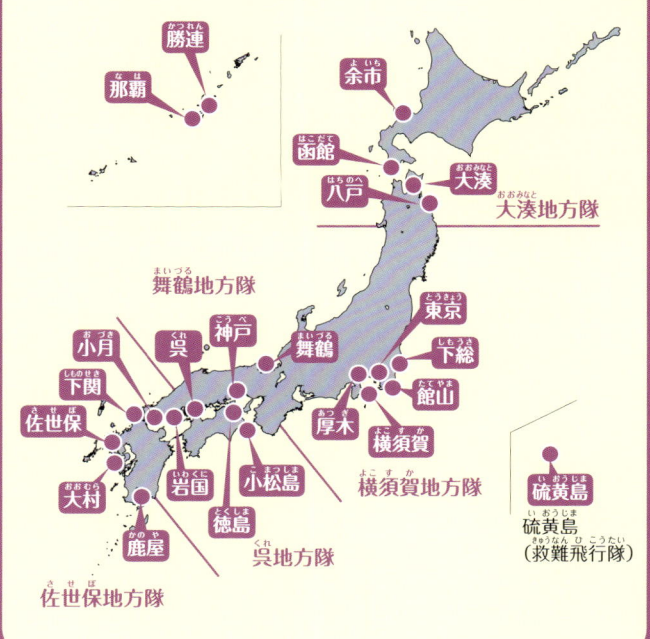

- 勝連
- 那覇
- 余市
- 函館
- 八戸
- 大湊
- 大湊地方隊
- 舞鶴地方隊
- 東京
- 下総
- 神戸
- 舞鶴
- 館山
- 小月
- 呉
- 厚木
- 下関
- 横須賀
- 佐世保
- 横須賀地方隊
- 大村
- 岩国
- 小松島
- 硫黄島
- 徳島
- 硫黄島（救難飛行隊）
- 鹿屋
- 呉地方隊
- 佐世保地方隊

自衛艦隊と地方隊が連携をとって日本の海を守っているんだね。

海上自衛隊の護衛艦「ちょうかい」。

空からの侵入をふせぐ　航空自衛隊

空からの攻撃に対して日本を守っているのが、航空自衛隊です。では、航空自衛隊はどのような組織で、どのような役割をはたしているのでしょうか。

防衛省の仕事

「空」の侵略から日本を守る

現代の侵略は航空機やミサイルなどによる思いがけない空からの攻撃ではじまり、それがくり返されることがほとんどです。航空自衛隊は、敵の空からの攻撃にすぐに対応して、できるかぎり国土から遠い空でむかえうち、被害をふせぐことを仕事にしています。

航空自衛隊では約4万3000人の自衛官が任務についています。全般的な防空任務（航空機やミサイルから守ること）にあたるのが「航空総隊」で、北部、中部、西部、南西の4つの航空方面隊が全国に配置されています。さらにパイロットなどを教育する航空教育集団、航空機や装備などの研究・開発をおこなう航空開発実験集団など、多様な組織が連携して任務にあたります。

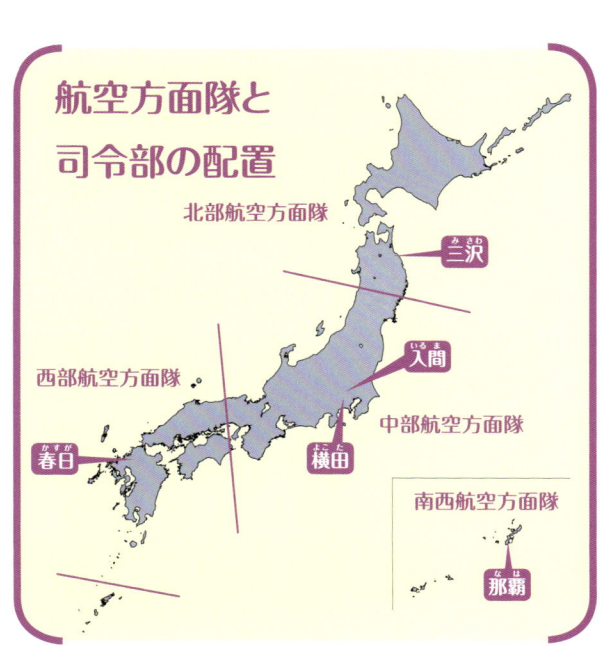

航空方面隊と司令部の配置

北部航空方面隊
三沢

西部航空方面隊
入間

春日
横田

中部航空方面隊

南西航空方面隊
那覇

航空自衛隊は、日本の平和を空から守っているんだね。

航空自衛隊の主力戦闘機F-15。

非常事態にもすぐ対応

　航空自衛隊は日本周辺のほぼすべての空を、レーダーなどをつかってつねに監視しています。どこの国に属するか不明な航空機などが、許可なく日本の空にむかってきた場合は、戦闘機を緊急発進（これを「スクランブル」といいます）させて状況を確認し、必要に応じて行動を監視します。許可なく日本の空に侵入した場合は、退去の警告を発して、日本の空を守っています。

　弾道ミサイル防衛では、空からの攻撃に対処するため「ペトリオットPAC-3」という防空システムを保有して、ミサイルをむかえうつ準備をしています。

　ちなみに、航空祭などでアクロバット飛行を披露しているのが、航空教育集団の中の第4航空団（宮城県松島基地）に所属する第11飛行隊「ブルーインパルス」です。華麗なアクロバットは、外国からも高い評価を得ています。

航空自衛隊のアクロバットチーム「ブルーインパルス」。

自衛隊機の緊急発進回数

（回）

年度	1984	89	93	98	2003	08	09	10	11	12	13	14	15	16

凡例：
- ロシア
- 中国
- その他

縦軸：0, 200, 400, 600, 800, 1000, 1200, 1400

国別の内わけは1998年度までなし。　　資料：防衛省

緊急発進の回数は年ねんふえてきているんだ。とくに中国機に対する発進が増加しているね。

自衛官を育てる

自衛隊ではたらく自衛官は、日本の防衛をにない、「国と国民を守ることを仕事にする」人たちです。自衛隊はどのように自衛官を確保し、育てているのでしょうか。

防衛省 の仕事

自衛隊でのはたらき方はいろいろ

日本の平和や安全、独立を守る使命のもとで、災害がおきたときには国民を助け、人命救助や復興に力をつくしているのが、自衛隊ではたらく自衛官たちです。

自衛隊は20万人以上がはたらくとても大きな組織です。そのため、航空自衛隊だけでもパイロットや航空機整備、航空管制、高射、通信、レーダー整備など、いろいろな職種があります。

各自衛隊には、なんと音楽隊という職種もあります。音楽隊は国や自衛隊の行事のときに、楽器を演奏するのをおもな仕事としています。

今まで説明してきた自衛官は「武官」とよばれます。それ以外にも現場での防衛ではなく、ほかの省庁との交渉をしたり、予算や法律問題に対応したりする「文官」がいます。事務官、教官、技官などがこれにあたります。

インドネシアの国際緊急援助活動で医療活動をおこなう医官という職種の自衛官。

「自衛隊音楽まつり」で演奏する自衛隊の音楽隊。

自衛官を育成する機関

　自衛隊には、高度な専門知識や国家資格などの取得を目的とした、さまざまな学校や教育機関があります。自衛隊はこうした学校・教育機関によって、将来の自衛隊をになうすぐれた自衛官を育成しています。

　「防衛大学校」と「防衛医科大学校」は"自衛隊の大学"で、入校すると特別職国家公務員となります。学費や衣食住の費用が国のお金でまかなわれ、さらに毎月の給料とボーナスが支給されます。

　防衛大学校では将来、陸上・海上・航空自衛隊の幹部自衛官となる人を4年間で養成します。幹部自衛官は、部隊の指揮に責任を負う「指揮官」としての役割をもつ人たちです。

　防衛医科大学校では将来、医師として幹部自衛官になる人を6年かけて育成します。また、保健師・看護師として幹部自衛官になる人を4年間で育てるコースもあります。

　いずれも卒業後は、各自衛隊の幹部候補生学校に入校し、幹部自衛官として必要な知識・技術の習得のための教育を1年間受けます。

　このほかにも、陸上自衛隊の自衛官をめざす「陸上自衛隊高等工科学校」もあります。

防衛大学校の卒業式のようす。

幹部自衛官への道のり(防衛大学校の場合)

高等学校・専門学校など

防衛大学校

→ 4年 → 幹部候補生 → 1年 → 幹部自衛官

自衛官になるには、これ以外にもいろんな方法があるよ！

そのほかの防衛省の仕事

日本の防衛に必要な装備は、どのように集められているのでしょうか。また、国際社会の平和と安定のために、自衛隊はどのような活動をおこなっているのでしょうか。

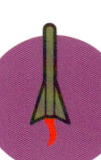

新しくできた防衛装備庁の役割

防衛省・自衛隊では、防衛装備品の取りあつかいに関する業務をおこなう組織・部署が細かく分かれていました。2015年に、これらの組織をあわせてできたのが「防衛装備庁」です。

防衛装備品とは、武器や戦車、燃料など、自衛隊が使用しているもののことです。

防衛装備品には、その構想から研究・開発・量産（たくさんつくる）、運用、維持や整備、廃棄（捨てる）にいたるまでの「流れ」があります。防衛装備庁は、この流れの各段階で、防衛装備品の性能や費用などをしっかり管理して、効率的に供給していきたいと考えています。

日本の政府は、防衛装備庁の誕生をきっかけに、日本でつくられた防衛装備品の輸出や、外国との共同開発も進めていく予定です。

おもな防衛装備品

戦車　航空機　火薬　船　燃料

構想から廃棄までまとめて管理することで、こうした防衛装備品を効率的につくれるんだ。

# 国際社会の平和と安定のために

現在の国際社会では、平和や安定を1つの国だけで築くのはとてもむずかしいことです。日本にとっても、同盟国や友好国、その他の関係各国と協力してとりくむことが重要になっています。

そこで自衛隊は、アジア太平洋地域の平和と安定を確保するために、アメリカとの日米同盟を中心としながら、この地域の多国間・二国間の防衛に関する交流・協力を進め、おたがいに信頼を高める努力をしています。

たとえば多国間では、関係する国ぐにと世界情勢や防衛政策について話しあったり、多国間にまたがる課題について意見交換や協議をはば広くおこなったりしています。

二国間では、日本の防衛大臣と各国の国防大臣の意見交換や共同訓練の実施、留学生の派遣・受け入れなどを積極的に進めています。

また、2007年からはじまった、アメリカ海軍を中心とする船がアジア太平洋地域の各国を訪問する「パシフィック・パートナーシップ」に自衛隊も参加しています。医療活動や施設の修理、文化活動などをおこない、訪問国の軍人や国民などと交流することで、おたがいの国の理解を深め、協力関係を強くすることが期待されています。

平和は日本だけでは築くことができないから、外国と協力するのが大事なんだね。

2014年の「パシフィック・パートナーシップ」でカンボジアの病院の建設作業をする自衛隊員。

防衛省　データを見てみよう

日本の国土と国民を守るという、重要な役割をはたしている防衛省のさまざまなデータを見ていきましょう。

防衛省の仕事

女性も活躍する防衛省

防衛省では、女性の自衛官を積極的に採用し、活躍する場を広げています。2017年3月時点の女性自衛官は約1万4000人（全自衛官のうち、約6.1％）でした。年ねんふえてはいるものの、まだ少ないといえるでしょう。

防衛省は、2030年までに女性自衛官の割合を9％以上にすることを目標にしています。そのために、2015年から「はたらき方改革」をとりいれて、これまで制限されていた職務につけるようにしたり、プライバシーの確保をするなど女性がはたらきやすい環境をととのえたりしています。

また、防衛省には、自衛官の活動を後方から助ける事務官、教官、技官などの職もあり、こちらは約4900人の女性（全事務官のうち、約23.8％）が活躍しています。

女性自衛官の人数の移りかわり

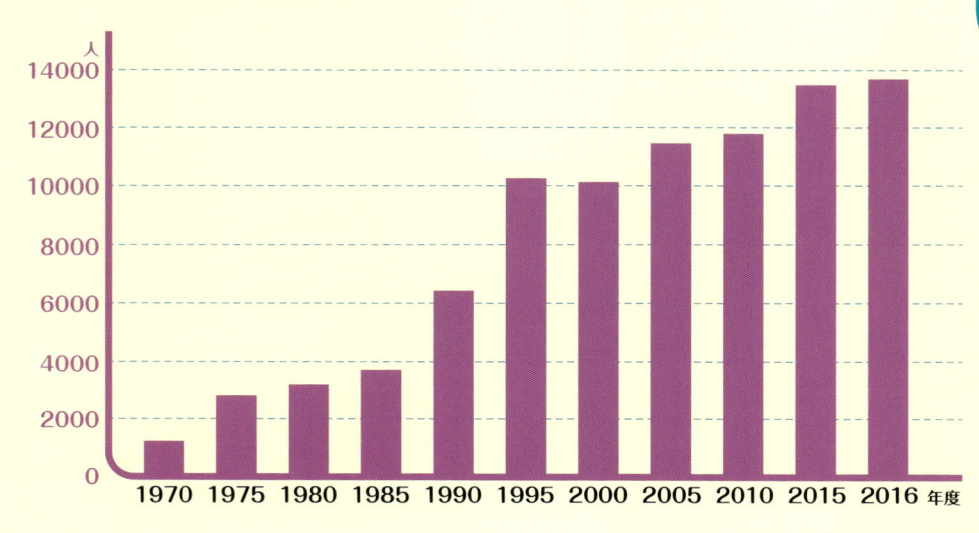

資料：防衛省「平成29年版　防衛白書」

女性で護衛艦（→52ページ）の艦長になった人もいるよ。

ほかの国との国防費の比較

　自国の防衛につかうお金のことを「国防費」といいます。国防費は、それぞれの国の社会や経済のしくみ、予算の立て方のちがいがあり、単純には比較できませんが、GDP（国内総生産）*との割合で見てみましょう。

　日本は、主要国のなかで金額は5番目、GDPに対する比率では9番目となっています。ほかの国にくらべて低いとはいえ、5兆円近くのお金をつかっており、北朝鮮の核実験や弾道ミサイルの発射実験を受けて、年ねんふえている傾向にあります。

*GDP（国内総生産）：ある期間に、国内で生産されたサービスや製品などの付加価値の合計。その国の生産力や景気などを知ることができる。

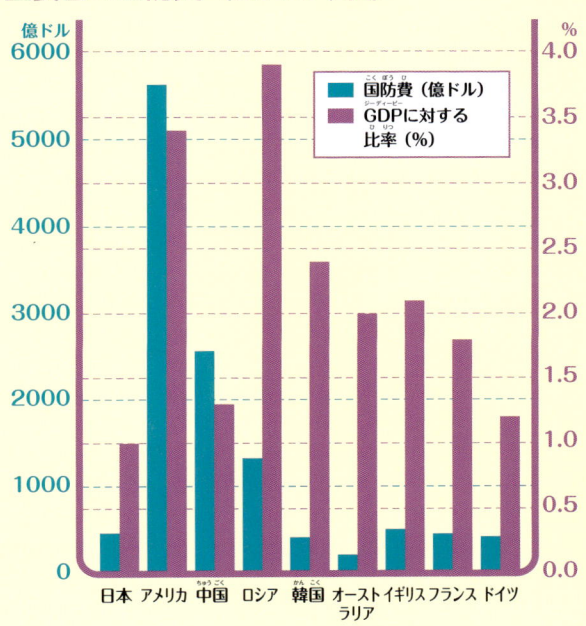

主要国の国防費（2015年度）

凡例：
- 国防費（億ドル）
- GDPに対する比率（%）

日本 アメリカ 中国 ロシア 韓国 オーストラリア イギリス フランス ドイツ

資料：防衛省「平成29年版　防衛白書」

日本の国防費の移りかわり

（億円）

2003	2004	2005	2006	2007	2008	2009	2010	2011	2012	2013	2014	2015	2016	2017年
49262	48760	48297	47903	47815	47426	47028	46826	46625	46453	46804	47838	48221	48607	48996

資料：防衛省「平成29年版　防衛白書」

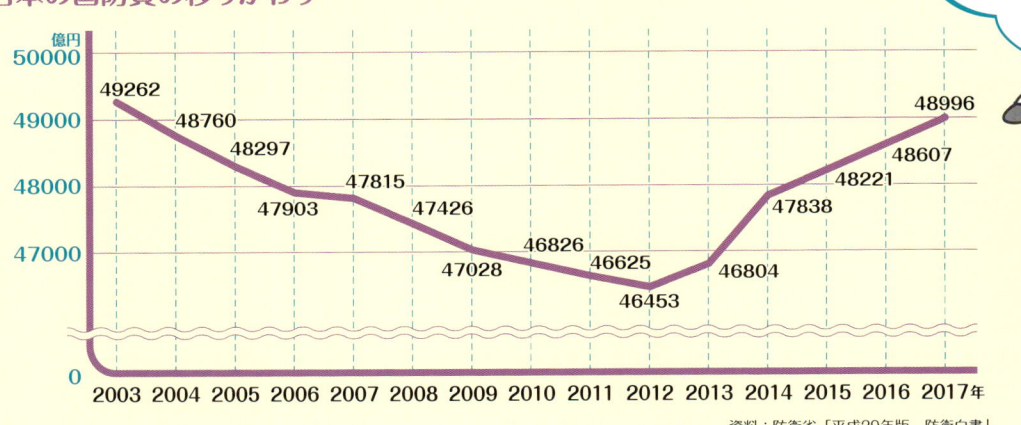

日本の国防費は、ここ数年でまたふえてきているんだね。

防衛省の仕事

「海賊」から船を守る

　日本は海にかこまれた島国なので、国民の生活に必要な資源や食料品の多くを、船での輸送にたよっています。しかし、たいせつな物資をはこぶ船は、治安が安定しない国の海賊船にねらわれやすく、世界的な問題となっています。

　防衛省では、海上交通の安全を守るため、アフリカにあるソマリアという国の沿岸のアデン湾に2009年から2017年まで自衛隊を派遣しました。危険な海域で、空からは自衛隊機が情報を送り、海上では物資をはこぶ船を「護衛艦」という艦艇がガードして安全な海域まで送りとどけるというものでした。

　護衛の活動は、ほかの国の軍隊とも協力しておこなったものです。こうした国際社会のとりくみが効果をあげて、近年ではアデン湾の海賊はへってきています。しかし、海賊を生み出す貧困などの原因は解消されていないため、これからも注意深く見守っていく必要があります。

物資をはこぶコンテナ船を守る、日本の護衛艦。

アデン湾での海賊による事件の発生件数の移りかわり

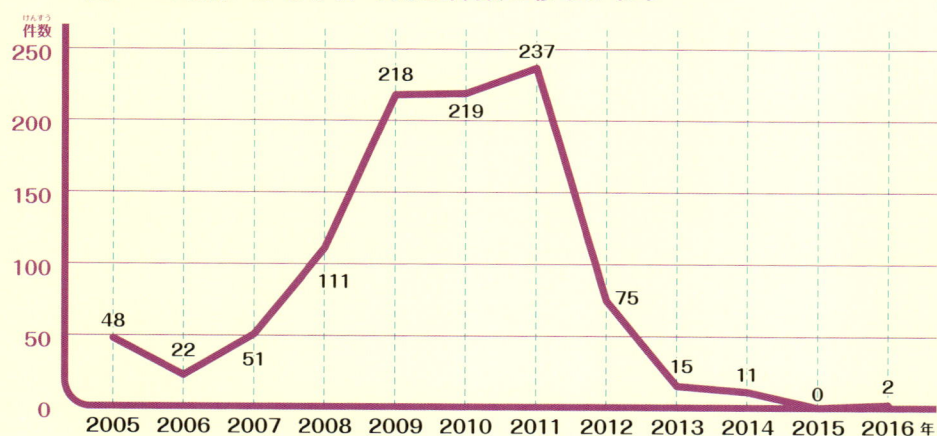

資料：防衛省「平成29年版　防衛白書」

現代にも海賊がいるなんてこわいけれど、件数はへってきているんだね。

防衛省　なんでもQ&A

これまでのページで学んだこと以外にも、防衛省についてのいろいろな疑問をたずねてみましょう。

防衛省は、いつ、どうやってできたの？

防衛省は、2007年にできた新しい省で、その前は防衛庁という名前だった。防衛庁は1954年にできた組織で、防衛省に昇格するまでは内閣府に所属していたよ。

日本は、以前は軍隊をもっていたの？

かつては日本にも軍隊があったけれど、1945年の第二次世界大戦の敗戦後に解散した。その後に定められた日本国憲法には自衛隊について直接書かれていない。憲法に自衛隊のことを書くかどうかが、現在議論されているんだ。

自衛隊は、いつできたの？

自衛隊のはじまりは、国内の治安を守るため、1950年につくられた警察予備隊だ。それから、1952年に保安隊、1954年に自衛隊というように、名前と組織がかわっていったんだよ。

自衛官に必要な条件ってあるのかな？

自衛官の任務や訓練はとてもきびしいものなので、十分な体力が必要だ。自衛官を採用する際には身体検査がおこなわれ、病気をもっていないか、健康かどうかなどがチェックされるよ。

防衛省　の仕事

防衛省のこと、もっと知りたいなら

防衛省についてさらに深く知りたい人のために、防衛省の仕事にかかわる本やホームページ、見学できる施設などを紹介します。

わからないことは、施設の人に問い合わせてみるのもいいね。

防衛省 の仕事

オススメの本

『よくわかる自衛隊』

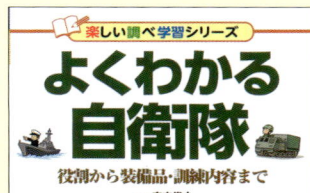

志方俊之／監修　PHP研究所

災害救助や、国際的な平和活動への派遣など、自衛隊がおこなうさまざまな活動を、写真を豊富に使用して紹介している本。

オススメのホームページ

防衛省・自衛隊KIDS SITE

http://www.mod.go.jp/j/kids
防衛省や自衛隊のなりたち、どうやったら自衛官になれるのかなど、わかりやすく解説している。

航空自衛隊　キッズ＆ジュニアワールド

http://www.mod.go.jp/asdf/special/kids
航空自衛隊の子どもむけホームページ。パズルなどが充実したキッズサイトと、より専門的な内容が学べるジュニアワールドがある。

オススメの施設

陸上自衛隊広報センター

陸上自衛隊の歴史や装備、さまざまな活動について展示している博物館。

住所：東京都練馬区大泉学園町

電話：03-3924-4176

陸上自衛隊広報センターに展示されている装甲車。

航空自衛隊浜松広報館エアーパーク

航空自衛隊で使用していた実物の航空機を展示。「フライト・シミュレータ」では、航空機の操縦をリアルに体験できる。

住所：静岡県浜松市西区西山町

電話：053-472-1121

さくいん

監修 出雲 明子（いずも あきこ）

1976 年、広島県生まれ。国際基督教大学大学院行政学研究科博士課程修了。博士（学術）。現在、東海大学政治経済学部准教授。専門は、行政学および公務員制度論。おもな著書に、『公務員制度改革と政治主導—戦後日本の政治任用制』（東海大学出版部）、『はじめての行政学』（共著、有斐閣）など。

キャラクターデザイン・イラスト　いとうみつる

編集・制作　株式会社アルバ
編集・執筆協力　岩佐陸生
執筆協力　田﨑義久
表紙・本文デザイン　ランドリーグラフィックス
DTP　スタジオポルト
写真協力　朝日新聞社、海上自衛隊、
　　　　　　環境省、航空自衛隊、陸上自衛隊、
　　　　　　アフロ、pixta

いちばんわかる！日本の省庁ナビ 7 環境省・防衛省

2018 年 4 月　第 1 刷発行

【監　修】　出雲明子
【発行者】　長谷川 均
【編　集】　堀 創志郎
【発行所】　株式会社ポプラ社
　　　　　　〒 160-8565　東京都新宿区大京町 22-1
　　　　　　電 話：03-3357-2212（営業）03-3357-2635（編集）
　　　　　　振 替：00140-3-149271
　　　　　　ホームページ　www.poplar.co.jp（ポプラ社）
【印刷・製本】　大日本印刷株式会社

ISBN 978-4-591-15731-2　N.D.C.317　55P　25cm　Printed in Japan

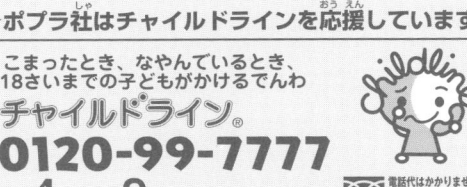

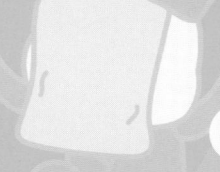

ナイカくん

内閣府
（ないかくふ）

法

六法
全書

ホームは

法務省
（ほうむしょう）

ソームぴょん

総務省
（そうむしょう）

こうろうママ

厚生労働省
（こうせいろうどうしょう）

経済産業省
（けいざいさんぎょうしょう）

ケイサンダー

農林水産省
（のうりんすいさんしょう）

ノースイじい